CHOQUE DE GOBIERNOS

Por

MARIOS ELLINAS

Todos los derechos reservados. Este libro está protegido por las leyes de derechos de autor de los Estados Unidos. Este libro no puede ser copiado ni reimpreso para ganancia o beneficio comercial. El uso de citas cortas o la reproducción ocasional de páginas para estudio personal o en grupo están permitidos y son recomendados. Se otorgará permiso a quienes lo soliciten.

A no ser que se indique otra cosa, todas las citas bíblicas fueron tomadas de la versión Reina Valera Contemporánea. Copyright © 2009, 2011 por Sociedades Bíblicas Unidas. Todos los derechos reservados.

Las citas marcadas como NBD fueron tomadas de la versión Nueva Biblia al Día. Copyright © 2006, 2008 por Bíblica, Inc. Todos los derechos reservados.

Todo énfasis dentro de las citas bíblicas es propio del autor. El autor usa mayúsculas en ciertos pronombres de las Escrituras que se refieren al Padre, al Hijo y al Espíritu, y pueden diferir de los estilos de algunos publicadores.

El nombre satanás y otros nombres relacionados no llevan mayúsculas. El autor elije no reconocerlo a él, aún al punto de violar reglas gramaticales.

Para ser distribuido en todo el mundo. Impreso en los Estados Unidos.

ISBN: 978-0-692-56601-5

Choque de Gobiernos

Por Marios Ellinas

Impreso por Createspace

Copyright 2015 — Marios A. Ellinas

www.mariosellinas.com

maellinas@yahoo.com

Diseño de la Portada por **Tulip Graphics**
tulipgr@mweb.co.za

Prólogo

"Choque de gobiernos", escrito por mi querido amigo Marios Ellinas, es un libro que trae a la vida una verdad y revelación eterna del Reino de Dios.

Cuando Dios puso a Marios y a su esposa Danielle en mi vida, fue uno de esos momentos "de Reino" que cambiaron mi vida y ministerio para siempre. Desde esa cita divina en octubre de 2006, no solo hemos sido amigos sino que nos hemos convertido en familia. Marios es uno de los hombres de Dios más humildes, ungidos, generosos y leales que he conocido. Él es un hombre guiado por el Espíritu Santo que entiende y opera en una autoridad gubernamental en el Reino de Dios. He visto su vida, he sido un invitado en su hogar y he sido testigo del amor y pasión que él y Danielle han impartido a sus hijos. He visto a Marios navegar a través de transiciones, cambios y las tormentas de la vida y el ministerio. A través de todo eso, él ha actuado con integridad.

Marios tiene un profundo conocimiento y perspectiva en los asuntos y caminos de Dios, y tiene una habilidad única de comunicar verdes escondidas y secretos de Dios de una manera relevante y aplicable. En pocas palabras, Marios no solo enseña acerca del Reino de Dios, él lo vive para que todo el mundo lo vea.

La verdad es que estamos viviendo en un tiempo sin precedentes en la historia donde pareciera faltar una verdad absoluta en el mundo y en la iglesia. Las personas parecen vivir en un área "gris" donde faltan convicciones. Es más evidente que nunca que hay un conflicto de reinos entre el Reino de Dios y el reino de las tinieblas. Es en tiempos como éste que necesitamos una voz que hable con verdad, un faro de luz que exponga la oscuridad y dé a conocer la gloria de Cristo. Dios ha levantado a Marios Ellinas como una de esas voces de verdad y luz.

Prepárate para ser desafiado y cambiado mientras experimentas las verdades y revelaciones escritas en las páginas de "Choque de gobiernos". Marios ministra y escribe desde un reino de abundantes revelaciones y verdades espirituales. A lo largo de estos últimos seis años, he tenido el honor de observar como mi amigo Marios ha vivido esas cosas de las que escribe, a partir de sus encuentros con Dios. Él tiene una compresión y autoridad maravillosas del Reino y el Gobierno de Dios y lo presenta de una forma clara y real en este libro. ¡Éste es uno de los libros más oportunos y efectivos para esta hora en la que vivimos!

David Wagner
Ministerio Father's Heart
Pensacola, Florida

DEDICACIÓN

A Jesús, el Autor y Consumador

Agradecimientos

A Danielle, Christos, Caleb y Cloe por todo lo que ustedes son y lo que significan para mí. Me tomaría muchos libros expresarlo, y todavía me quedaría corto.

A Mamá y Papá, mis hermanos y a la familia de Danielle por su constante ánimo y apoyo. Gracias por comprar mis libros y darme palabras de ánimo.

Al increíble equipo y congregación de Valley Shore, por buscar apasionadamente la presencia y los caminos de Dios sin jamás mirar atrás.

A mis mentores y confidentes cercanos, con los que comparto mi vida. Ustedes saben quiénes son y cuánto significan para mí.

Al excepcional equipo de transcriptores que sirvieron a este proyecto desinteresadamente y abnegadamente. Lori Cote, Denise Cote, Jillian Holmes, Michelle Kinrade, Alexandra Lefebvre y Sinco Steendam, ¡les estoy eternamente agradecido!

A Peter Sylvester, por su corazón de siervo y un alto nivel de excelencia con los que él le da formato a todos mis manuscritos.

A Jason Hackley y Danielle Ellinas por su minucioso trabajo de editar el texto.

A David Wagner por el *Prólogo* y muchos años de una genuina y profunda amistad de Reino.

A *Tulip Graphics* por siempre capturar los temas de mis libros en el diseño de portada. Ronelle, ¡eres maravillosa!

Contenidos

INTRODUCCIÓN 13

Capítulo 1: Todo Sobre Jesús 25

Capítulo 2: Más Que Un Prodigio 39

Capítulo 3: Credibilidad Instantánea 55

Capítulo 4: Sacudidas y Confrontaciones 71

Capítulo 5: La Intrepidez Temida 87

Capítulo 6: Aumento y Relevancia 103

Capítulo 7: Medidas Antidisturbios 119

Capítulo 8: Se Desarrolla la Trama 133

Capítulo 9: Comenzando por el Final 145

Epílogo Padre, Espíritu Santo... ¡e Hijo! 157

INTRODUCCIÓN

"¡Él está blasfemando cuando declara ser Cristo, un rey!"
"¡Él está pervirtiendo a la nación!"
"¡Él ha estado engañando a la gente!"
"¡Él le prohíbe a los judíos pagar el impuesto de tributo al César!"
"¡Él se autoproclamó Hijo de Dios!"

Poncio Pilato estaba en un gran dilema.

Delante de él estaba Jesús de Nazaret, acusado por los fariseos, escribas, jefes de los sacerdotes y ancianos del pueblo. Levantando las voces, apuntando sus dedos, frunciendo el ceño, la elite dirigente de Israel presentó su caso ferozmente.

A Pilato, su propio criterio le decía otra cosa. Los cargos no tenían mucho fundamento y él conocía las tácticas de los sacerdotes y ancianos demasiado bien: muchas palabras, nada de sustancia.

Aún más, a diferencia de cualquier criminal que Pilato haya visto antes, Jesús permanecía en silencio. Aun cuando Pilato lo presionó para que respondiera si Él era el Rey de los Judíos, el acusado respondió de forma simple y pacífica:

Tú lo dices.

Su conducta calma generaba asombro. Aún Su única respuesta revelaba una profundidad de carácter y una fuerza espiritual interna. Todo acerca de Él afirmaba, silenciosa pero firmemente, Su inocencia. Pilato anunció una decisión preliminar:

Yo no encuentro delito alguno en este Hombre.

Eso solo hizo que todo empeorara. La fiscalía redobló la apuesta:

Éste alborota al pueblo con lo que enseña por toda Judea, desde Galilea hasta este lugar. (Lucas 23:3-5)

¿Alguien dijo "*Galilea*"?

De repente, en medio de toda la conmoción y el griterío, Pilato encontró una escapatoria. Jesús venía de Nazaret de Galilea, una región más allá de la jurisdicción de Pilato. Eran excelentes noticias. Pilato inmediatamente envió a Jesús con Herodes. El dilema parecía haber terminado.

¡Pero no había terminado!

Herodes tampoco quería el caso. Quizás era debido a la gran conmoción causada por los jefes de los sacerdotes y escribas, quienes "*lo acusaban con extremado apasionamiento.*" Quizás fue la desilusión de Herodes porque Jesús no realizó ningún milagro delante de él. O pudo haber sido que el silencio del acusado a lo largo de los procedimientos enfureció al gobernador de Galilea. Cualquiera haya sido la razón, Herodes se retiró de la escena. Él y sus soldados se divirtieron una última vez maltratando a Jesús, y luego Herodes "*lo envío de vuelta a Pilato.*" (Lucas 23:10-11)

Introducción

El dilema de Pilato volvió y las cosas estaban empeorando rápidamente. Una multitud se había reunido afuera. Los estadistas de Israel presionaban por un veredicto. Aun así, nada había cambiado la percepción que Pilato tenía de Jesús: Él era todavía inocente. La propia esposa del gobernador se había acercado a él, contándole de su sueño perturbador y advirtiéndole que no tuviera nada que ver *"con ese Justo."* (Mateo 27:19)

Pilato se sentó en su asiento en el tribunal buscando otra solución. Era costumbre liberarles un prisionero a los judíos durante su tiempo de festival. Pilato ofreció liberar a Jesús. ¡Rápidamente se dio cuenta que con eso no iba a llegar a ningún lugar!

Pero toda la multitud gritaba al unísono: "¡Fuera con éste! ¡Déjanos libre a Barrabás!". Lucas 23:18

El asunto se estaba volviendo una verdadera complicación para el gobernador. La multitud instigada estaba rápidamente convirtiéndose en una turba rugiendo contra él. Los jefes de sacerdotes intensificaron su intimidación:

Si dejas libre a éste, no eres amigo del César. Todo el que a sí mismo se hace rey, se opone al César. Juan 19:12

Pilato había escuchado suficiente ya. Caminó hacia una palangana, se lavó las manos y se autoproclamó inocente en todo el asunto. Luego, mirando a la multitud exclamó:

¡Aquí está el Rey de ustedes!

La multitud rugió:

¡Fuera, fuera! ¡Crucifícalo!

Pilato hizo un último intento:

¿He de crucificar al Rey de ustedes?

La respuesta no vino de las personas esta vez, sino de los instigadores claves de la multitud:

Los principales sacerdotes respondieron: "No tenemos más rey que el César." Juan 19:14-16

Pilato se quedó sin palabras. Ya no tenía escapatoria.

Entonces les soltó a Barrabás, y luego de azotar a Jesús lo entregó para que lo crucificaran. Mateo 27:26

De esa manera, Poncio Pilato, gobernador romano de Judea, representando al gobierno más prominente y poderoso de la época, ordenó la ejecución de Jesucristo, el único hijo de Dios.

~~~

Todos los que nacen en este mundo van a morir eventualmente, es un hecho de la vida. Entramos al reino de esta tierra a través del vientre; recorremos varios niveles de desarrollo y logros; luego, en algún punto, la muerte termina con nuestro tiempo aquí y somos llevados a la eternidad.

Jesús fue el único humano que arribó al mundo con la asignación de morir *por* el mundo. Mucho antes que María tomara a su bebé y lo hubiese *"envuelto en pañales y acostado en un pesebre"*, Jesús había sido destinado para morir. Cuando el Apóstol Juan fue llevado al cielo para ser testigo de *"lo que va a suceder después de esto"*, él vio una imagen de Jesús como *"el Cordero que fue inmolado desde el principio del mundo."* (Apocalipsis 13:8)

Introducción

La misión de Jesús, dada por el Padre, era convertirse en el rescate necesario por los pecados de la humanidad. Él fue marcado en el cielo para la muerte desde el principio del tiempo; de todas maneras, que muriera en desgracia y deshonor como un ladrón común no sería obra de Dios, sino de los hombres.

Todo lo relacionado con el arresto, la condena, la sentencia y la ejecución de Jesús fue malvado, cuando Él solo había hecho lo bueno a cada momento de cada día en su vida. Durante tres años Jesús recorrió los polvorientos caminos de Galilea, Judea y Samaria dando vida y restaurando la esperanza.

Jesús andaba por todas las ciudades y aldeas, y allí proclamaba y anunciaba las buenas noticias del reino de Dios. Lucas 8:1

Jesús sanó a cada persona enferma que le trajeron. Él se acercó y trajo libertad a los marginados de la sociedad, tales como aquellos que estaban poseídos por demonios y los leprosos "intocables". Él alimentó a los hambrientos, dio a los pobres, enseñó y fue el modelo de principios que transforman la vida. Él fue la personificación de la integridad y de un liderazgo sólido.

¿Cómo puede alguien tan benevolente y puro como Jesús terminar delante de Pilato para ser juzgado? ¿Cómo pudo Él ser clavado en una cruz en Gólgota, junto a ladrones? Hubo que manipular la verdad, plantar mentiras, repartir coimas: todo parte de una conspiración retorcida y multifacética que comenzó inmediatamente después que Jesús iniciara su ministerio público.

Se formó una asociación entre los dueños del poder espiritual y político de Israel, los miembros del gobierno romano y un espíritu del reino de las tinieblas, *"el espíritu del anticristo, el cual ustedes han oído que viene, y que ya está en el mundo."* (1° Juan 4:3)

~~~

Más de setecientos años antes que Jesús naciera, el profeta Isaías predijo Su venida:

> *Porque nos ha nacido un niño, se nos ha dado un hijo*
> *y él tendrá el gobierno sobre su hombro.* Isaías 9:6
> NBD

Es que interesante que la profecía de Isaías no hace referencia al ministerio o la manera en que vivió Jesús. No se menciona nada sobre Su enseñanza magistral, Sus obras milagrosas, Su poder sobre la creación, las señales y maravillas que haría o Su carácter intachable. Isaías simplemente dijo: viene un Niño y Él va a ser portador de *"el gobierno"*.

Los gobiernos de la tierra, sin importar lo peculiar que pueden haber llegado a ser a lo largo de varios momentos históricos y lugares, han funcionado generalmente como sistemas legales y administrativos a través de los cuales se gobiernan áreas políticas. El gobierno sobre los hombros de Jesús no fue diseñado en la tierra, sino en el cielo. Era el gobierno de Dios: la forma o sistema de reino a través del cual Dios reina. Todo lo que Jesús fue e hizo en la tierra estaba alineado y en acuerdo con ese gobierno.

Cuando Dios creó a Adán y Eva, Él les dio a ellos y a la humanidad la tarea de llenar la tierra y dominarla. Dios le dijo a Adán y Eva que *"sean los señores"* de todo lo demás que Él

Introducción

había creado (Génesis 1:28). La pareja fue capaz de cumplir su responsabilidad de ejercer dominio porque Dios les había delegado el poder y la autoridad necesaria para la tarea. Ellos eran portadores de Su gobierno.

Mientras Adán, Eva y sus descendientes obedecieran a Dios y operaran dentro de los confines de Sus sistemas de autoridad, ellos tendrían dominio.

Cuando Adán y Eva fueron seducidos por satanás (le recuerdo al lector que el nombre del enemigo no lleva mayúsculas deliberadamente en este libro) y cayeron en pecado, perdieron el derecho a tener autoridad y perdieron su herencia. Cuando Dios confrontó su desobediencia y emitió Su juicio, Él también anunció el plan por el medio del cual Él salvaría al hombre del pecado y lo restauraría como portador de Su gobierno y ejecutor de dominio.

El plan requirió que Jesús, el amado Hijo de Dios, dejara el glorioso ámbito del cielo y viniera a la tierra como un hombre. Él viviría como nosotros. Él atravesaría las diferentes etapas del desarrollo humano y enfrentaría los mismos desafíos, pruebas y tentaciones. Jesús se humillaría a Sí mismo, sirviendo a todas las personas de todo corazón. Él demostraría el Reino de Dios, siempre entregando y procediendo con la fuerza más integral del gobierno de Dios, el amor incondicional

Manteniéndose obediente a la voluntad de Su Padre, Jesús soportaría también traición, abandono, rechazo y falsas acusaciones. Sufriría en manos de crueles perseguidores (como los gobernantes judíos) y políticos solo preocupados por ellos mismos (como Pilato). Él se sometería a un veredicto del gobierno más corrupto e impío de Su época (Roma) y cargaría una cruz sobre sus espaldas hasta el lugar de Su ejecución.

El plan culminaría con la muerte de Jesús en la cruz. El Mesías cargaría sobre Sí mismo el peso de los pecados de la humanidad. Tres días después, Dios levantaría a Jesús de entre los muertos. Él obtendría victoria sobre satanás, de una vez y para siempre. La maldición del pecado y la muerte sería rota, también como el modelo de gobierno autoritario. De esa manera, Jesús restauraría al hombre para que dominara y traería a través de Su Iglesia la forma más pura y efectiva de gobierno.

Ese era el plan. Y en el día en que los judíos aparentemente triunfaron sobre Jesús al persuadir a Pilato de crucificarlo, todo estaba sucediendo de acuerdo al plan.

~~~

El Reino de Dios no puede coexistir pacíficamente con la avaricia, la corrupción, el orgullo, la hipocresía y la espiritualidad diluida. Su gobierno no aparece de una manera dulce y cautelosa en la tierra y se sienta a esperar que pase lo mejor. Su gobierno colisiona con fuerza con los motivos erróneos del hombre y las prácticas ilegítimas, los expone y les entrega una orden de "Cese y Desista" de la corte celestial.

Jesús entregó personalmente esa orden a la elite gobernante de Israel, y con esa orden Él dio a conocer los planos de Dios para el establecimiento de Su Iglesia, y también de naciones y reinos. La presencia y el ministerio de Jesús sirvieron para notificar a los principados, poderes y a las personas bajo su poder que el Reino de Dios estaba cerca para derrocar los sistemas impíos que hombres interesados solo en sí mismos habían levantado, especialmente aquellos dentro de la casa de Dios.

Introducción

Los fariseos, saduceos, ancianos, sacerdotes y escribas estaban atrincherados en un sistema religioso que, a lo largo de los siglos, se había apartado más y más del corazón de Dios. Las tradiciones de los hombres prevalecían sobre los caminos de Jehová. La Ley de Moisés, aunque acatada y respetada, era usada como un medio para controlar a las personas y mantenerlas en sujeción. La acusación y la condenación habían superado al perdón y a la misericordia. La religiosidad y el legalismo habían reemplazado a una relación íntima con Dios y la comunión con los demás.

La elite religiosa había erigido un imperio de riquezas y prestigio a expensas de las multitudes pobres y sin educación. Ellos habían usado a su favor el miedo, particularmente el miedo al hombre, para satisfacer sus intereses. Sus corazones eran fríos. No había amor. Vivían una doble vida, pareciendo justos ante sus (reacios) seguidores mientras cultivaban impiedad en su interior. No guiaban a la gente ni la inspiraban. Sostenían a la fuerza un sistema religioso que tenía algo de piedad, pero al que le faltaba integridad, autoridad, poder y, lo más importante de todo, amor.

> *Dicen conocer a Dios, pero con los hechos lo niegan, pues son odiosos y rebeldes, reprobables en cuanto a toda buena obra.* Tito 1:16

Juan el Bautista les había advertido a los líderes religiosos de Israel mientras predicaba en el río Jordán, diciéndoles *"Arrepiéntanse, porque el reino de los cielos se ha acercado... [huyan] de la ira venidera... Produzcan frutos dignos de arrepentimiento."* (Mateo 3:2, 7-8)

> *Pero los fariseos y los intérpretes de la ley rechazaron el propósito de Dios respecto de sí mismos.* Lucas 7:30

No solo ignoraron las advertencias de Juan, ellos también levantaron sus voces y manos contra el Elegido, aquel para el cual Juan había sido asignado a preparar un camino.

Ellos no solo actuaron por celos de los dones espirituales de Jesús o la forma fenomenal en que las multitudes se sentían atraídas a Él. La fuente de su rebeldía era un aborrecimiento del gobierno de Dios, inspirado satánicamente y motivado por intereses políticos.

Con mínimas excepciones, como en el caso de Nicodemo, los fariseos, saduceos, escribas, sacerdotes y ancianos no quisieron absolutamente nada del Reino de Dios. Ellos prefirieron sus privilegios especiales más que servir a las personas con humildad, la intimidación más que la compasión, los ardides más que la verdad, la hipocresía más que la sinceridad, el control más que la libertad, la parcialidad más que la justicia y, finalmente, al César y a Roma más que a Jesús y el Reino de Dios.

No tenemos más rey que el César. Juan 19:15

~~~

"Colisión de gobiernos" está escrito para compartir verdades y un entendimiento acerca de la naturaleza y funcionamiento del Gobierno de Dios, principalmente en y a través de la Iglesia de Cristo. La Iglesia no está presentada aquí como una organización, sino como un organismo: un cuerpo compuesto de numerosos miembros. Cada miembro tiene un diseño y un destino únicos. Para poder maximizar su potencial personal y contribuir al mandato colectivo a dominar que tiene este cuerpo, cada individuo tiene que cooperar y colaborar con los otros miembros. Por ende, el cuerpo entero tiene que estar alineado y operar mediante los principios que gobiernan al

Introducción

Reino celestial, ese Reino al que ellos están llamados a establecer en la tierra.

La historia de Jesús, particularmente el choque entre Su Reino y los sistemas religiosos/políticos de su época, servirá como trasfondo y fundamento para cada capítulo. Vamos a comenzar por el principio, Belén, y gradualmente aprender de cada porción de la vida de Jesús, en la que se ilustra el gobierno de Dios y el choque con sistemas alternativos de gobierno.

La conspiración infernal para eliminar a Jesús es el hilo conductor a lo largo del libro, culminando con Su ejecución en el Calvario. La crucifixión de Cristo, aunque fue el producto de una trama siniestra de hombres malvados, estaba también de acuerdo con el plan maestro de nuestro Dios amoroso. La muerte de Jesús satisfizo al infierno momentáneamente, pero desencadenó al cielo eternamente. Sus enemigos no clausuraron el operativo de Su Reino. Tres días después de su muerte Jesús salió de una cripta hacia un jardín, y luego atravesó las paredes de una habitación, diciendo *"Soy el que estaba muerto, pero ahora vivo para siempre ¡Y el que cree en Mí no morirá jamás!"*

Nosotros, Su Iglesia, somos los que creemos en Él. Somos los portadores de la paz y el gobierno de Dios. Jesús nos ha dado *"todo lo que tiene el Padre"* (Juan 16:15) y nos lo hizo saber a través de su Espíritu. Tenemos acceso a todos los dones, herramientas y atributos divinos. Nuestra tarea es la misma que la de Jesús: manifestar el Reino de Dios y establecer dominio sobre todo lo que Él creó.

La tarea no es fácil, porque siempre la reformación provoca oposición. Aun así, nuestro objetivo es viable, porque está respaldado por la autoridad y el amor de Dios. Que Él aumente y abunde en nosotros mientras exploramos juntos los ámbitos del gobierno de Dios. Y que el Reino que nuestro Padre ha concedido a *"su amado Hijo"* (Colosenses 1:13), que *Su* Reino venga y que Su voluntad sea hecha, ¡en la tierra como en el cielo!

¡Continúa leyendo!

CAPÍTULO 1:

TODO SOBRE JESÚS

El actuar según los estándares y principios del Reino y el gobierno de Dios debe partir y ser dependiente de una relación vibrante con Jesucristo, como Señor y Salvador.

La Biblia claramente señala los elementos más fundamentales mediante los cuales Dios gobierna su Reino:

Tu trono se basa en la justicia y el derecho; la misericordia y la verdad son tus heraldos. Salmos 89:14

La rectitud, la justicia y la misericordia están fundadas en los dos atributos más prevalentes de la naturaleza de Dios: Su santidad y amor. La rectitud y la verdad vienen de la santidad de Dios, la misericordia y la justicia vienen de Su bondad y amor.

Es importante mantener en mente esos componentes claves del gobierno de Reino a lo largo de nuestro recorrido en este libro.

El gobierno de Dios no es meramente un sistema administrativo que se origina en Su mente y es impuesto por Su mano. Más bien, se origina en Su corazón, y es un reflejo de Su naturaleza. Todas las estructuras y principios dentro del Reino fluyen del corazón de Dios. ¡*Nosotros* venimos de su corazón también!

Dios fundó Su Reino en amor y santidad. Jesús, Su Hijo, modeló, enmarcó y manifestó el gobierno del Reino en la tierra, no para exponer la mala conducta del hombre sin revelar y poner a disposición el remedio, no para controlar y subyugar, sino para liberar y dar poder. Jesús no vino para humillar a la gente y mantenerlos a raya, sino para salvarlos del pecado y permitirles vivir el destino dado por Dios, a través de su ejemplo y sacrificio.

En la época de Jesús, el gobierno político y eclesiástico de Israel solo condenaba el pecado. Jesús nunca pasó por alto o cubrió el pecado; sino que al exponer las debilidades y las faltas de las personas, Él estaba negociando la libertad de la humanidad esclavizada por el pecado. La premisa es ilustrada en un incidente registrado en el capítulo ocho del evangelio de Juan:

Los escribas y fariseos le habían traído a Jesús una mujer que había sido atrapada en el acto de adulterio. Ellos la pusieron en el medio de una multitud y la acusaron delante de Él.

En la ley, Moisés nos ordenó apedrear a mujeres como ésta. ¿Y tú, qué dices? Juan 8:5

Los fariseos y escribas estaban usando para su ventaja la Ley de Moisés, por dos razones:

1) La autoridad para condenar a la mujer.
2) La oportunidad para probar a Jesús, *"para ponerle una trampa, y así poder acusarlo."* (Juan 8:6)

Luego de ser presionado para dar una respuesta, Jesús, que inicialmente había ignorado a los acusadores, habló y dijo que la persona que estuviera sin pecado debería tirarle la primera piedra a la adúltera. Del más viejo al más joven, los fariseos y escribas *"se fueron retirando uno a uno"*. Entonces Jesús se volvió a la mujer y preguntó:

> *"Y, mujer, ¿dónde están todos? ¿Ya nadie te condena?"*
> *Ella dijo: "Nadie, Señor."*
> *Entonces Jesús le dijo: "Tampoco yo te condeno. Vete, y no peques más."* Juan 8:10-11

Los fariseos y escribas querían usar su autoridad gubernamental y su influencia con las personas para condenar a la mujer. Jesús usó la *Suya* para perdonarla y para inspirarla a abandonar el estilo de vida pecaminoso.

El miedo a las consecuencias del pecado es un motivador deficiente para tener un estándar alto de pureza e integridad en nuestras vidas. Nuestro deseo de caminar rectamente en nuestros hogares, iglesias, negocios, escuelas, etc., debe partir principalmente de una pasión por honrar a Dios y un deseo de cosechar recompensas temporales y eternas por nuestra rectitud y obediencia. Una búsqueda efectiva de la santidad parte de la paz y el gozo de ser puros, más que del miedo de los efectos del pecado.

Yo no creo que la adúltera haya vuelto a caer en el mismo pecado. A través de su encuentro con Jesucristo, ella fue instantáneamente alineada con el gobierno de Dios y recibió la capacidad de caminar en la salvación que había recibido.

Jesús vino, no solo para demostrar amor divino, sino también para personificarlo. Él no solo actuaba con amor, Él se volvió amor para todas las personas, especialmente para los pecadores más endurecidos. Cientos de años antes de Su llegada, el salmista David dijo: "*El Señor es bueno y recto; por eso enseña a los pecadores el camino.*" (Salmos 25:8) ¡Es tan cierto!

El amor de Dios por la humanidad es el elemento revolucionario, sin paralelos, del gobierno de Dios. Si creemos que Dios es amor, entonces "gobierno de Dios" debería ser sinónimo de "gobierno del Amor". La razón principal por la que la adúltera y tantos otros pecadores, la mujer junto al pozo (Juan 4), Zaqueo (Lucas 16), María Magdalena (Lucas 8), y tú y yo, dejamos de vivir en pecado es por nuestro encuentro con el Amor a través de Jesucristo.

~~~

En un capítulo posterior, vamos a examinar más de cerca la forma en que los enemigos de Jesús frecuentemente desafiaban Su autoridad, y trataban de imponer la suya al plantear preguntas tramposas. Por ahora, enfoquémonos en una de esas interacciones con un desenlace asombroso. Comencemos por el final de la historia:

> *Al verlo Jesús responder de manera tan sabia, le dijo: "No estás lejos del reino de Dios." Y nadie se atrevía ya a preguntarle nada.*
> Marcos 12:34

En este momento en particular, la respuesta de Jesús a una pregunta planteada por un escriba hizo que el que preguntaba y todos los otros líderes religiosos que estaban allí escuchando fueran incapaces de preguntarle a Jesús *cualquier clase de pregunta* a partir de ese día. En otras palabras, la respuesta de Jesús fue el golpe final al uso de doctrinas, tradiciones, razón o legalidades que sus críticos hacían para emboscarlo.

¿Por qué? ¿Cómo pudo este encuentro en particular acabar de una manera formidable con las tácticas de hacer preguntas tramposas que tenían sus enemigos?

Primero, debemos entender el contexto. La pregunta del escriba no era una consulta aislada, sino que formaba parte de un ataque multifacético de los líderes judíos contra la credibilidad y autoridad de Cristo. Comenzó con los jefes de sacerdotes, escribas y ancianos. Ese día, con anterioridad, ellos habían cuestionado la fuente de autoridad de Jesús para hacer todo lo que Él lo que hacía (Marcos 11:28). Eso los había metido en un problema, porque Jesús respondió con otra pregunta que ellos no habían podido contestar, y luego procedió a contar una parábola contra ellos. Vamos a examinar esa interacción detalladamente en un capítulo posterior.

Una vez que los jefes de sacerdotes y compañía fueron atrapados en su propia trampa, ellos *"lo dejaron y se fueron"*. Todavía empecinados en exponer a Jesús, ellos enviaron a otro destacamento compuesto de fariseos y herodianos. Su táctica se mantenía: hacerle preguntas para *"para atrapar a Jesús en sus propias palabras."* (Marcos 12:13)

Los nuevos inquisidores le preguntaron a Jesús sobre los impuestos. *"¿Es lícito entonces pagar tributo al César, o no? ¿Debemos pagarlo, o no?"* Él respondió de una manera brillante: *"den al César lo que es del César, y a Dios lo que es de Dios."*

Los saduceos aparecieron luego, con sus propias preguntas tramposas. Una vez más, Jesús estuvo a la altura de las circunstancias con una respuesta estupenda y un fuerte reproche. La emboscada se estaba cayendo a pedazos. ¡No había manera de engañar a *este* Hombre para que hiciera declaraciones auto incriminatorias!

Fue en este punto que el escriba hizo su jugada. Él *"había estado presente en la discusión"* y había reconocido *"lo bien que Jesús les había respondido."*

El escriba preguntó:

> *De todos los mandamientos, ¿cuál es el más importante?* Marcos 12:28

En otras palabras, "Escuché todas las cosas que Tú has estado diciendo. Dime, ¿cuál es la directiva más importante de Dios? ¿Cuál es la conclusión?"

El escriba podría haber aparentado ser un buscador genuino, pero el hizo una pregunta penetrante en medio de una atmósfera que ya estaba muy tensa. Al hacer eso, el escriba se colocó a sí mismo y a sus colegas en una posición para recibir un golpe de knock-out espiritual de Jesús.

No hay malo en hacer preguntas, siempre y cuando aquellos que las hagan estén deseosos de aprender, o al menos curiosos. Las preguntas como las que los líderes religiosos le hacían a Jesús siempre traían motivos ocultos, debido a sus espíritus críticos y a sus planes malvados.

El momento en que alguien dice "tengo una pregunta para ti", debemos activar en oración nuestro discernimiento, para poder determinar la condición del corazón de la persona y su motivo para hacer la pregunta. Nuestro equipo de líderes ha encontrado con frecuencia que los siguientes escenarios están llenos de señales de falta de sinceridad:

- Cuando alguien hace una pregunta para la cual ya tiene una respuesta. La razón de preguntar no es para aprender, sino para ver cómo respondemos o

para influenciar a otros que pueden estar presentes. Los líderes judíos eran expertos en esto.
- Preguntas "pequeñas" que la persona hace para llevarnos a una pregunta "grande". En un ambiente de confianza y honor, uno debe ir al punto de inmediato. No hace falta rodeos.
- Cuando las personas hacen preguntas para cambiar de tema. La comunicación honesta no debe tener desvíos.
- Cuando alguien hace una pregunta difícil o profunda que sabe que nosotros no sabemos o no podemos contestar de inmediato. Por ejemplo, "¿Conoces las propiedades químicas de cada una de las piedras preciosas mencionadas en el libro de Apocalipsis". El motivo detrás de tales preguntas es por lo general el deseo de esa persona de responder ella misma, para poder mostrarnos cuánto sabe.
- Preguntas hechas con la intención de poner a quien pregunta en una posición de control. Por ejemplo, "¿Cómo te sentirías si te contara que hay un pecado oculto 'en el campamento', y yo supiera exactamente de dónde viene?" (No puedo resistirlo, mi respuesta sería: "Sentiría que tú estás en desacato al acercarte a mí y contarme esto de esta forma.")

Con sabiduría, autoridad, porte y algunas palabras bien dichas, los líderes pueden exponer y desbaratar la falta de sinceridad, y evitar que se disemine. La clave es tener confianza en nuestra identidad, ejercitando la medida completa de nuestra autoridad en cada situación. Jesús siempre actuó, principalmente y ante todo, como el Hijo amado de Dios, un hijo en constante comunión con el Padre. Él era plenamente consciente que Su autoridad espiritual sobrepasaba todos los trucos de los antagónicos líderes judíos.

Poco sabía el escriba que, al hacerle al Señor su pregunta "conclusiva", él y sus cómplices iban a recibir la respuesta conclusiva definitiva.

"El [mandamiento] más importante" respondió Jesús, es amar a Dios *"con todo tu corazón, y con toda tu alma, y con toda tu mente y con todas tus fuerzas.".* Luego agregó un segundo mandamiento: *"Amarás a tu prójimo como a ti mismo."* (Marcos 12:29-31)

El escriba reconoció la respuesta correcta de Jesús, y continuó replicando y exponiendo sobre el tema. Fue un típico ejemplo de "Buen trabajo, pero mira cómo yo puedo agregar algo a lo que dijiste":

> *Bien, Maestro; hablas con la verdad cuando dices que Dios es uno, y que no hay otro Dios fuera de él, y que amarlo con todo el corazón, con todo el entendimiento y con todas las fuerzas, y amar al prójimo como a uno mismo, es más importante que todos los holocaustos y sacrificios.* Marcos 12:32-33

Jesús reconoció la perspicacia del escriba: que amar a Dios y a las personas era más importante que los sacrificios. Era un buen punto. El escriba definitivamente había hecho mejor las cosas que todos los otros miembros de la comisión malvada. Luego, Jesús le mostró la conclusión:

No estás lejos del reino de Dios.

En otras palabras, "No estás en el Reino".

"Tu doctrina básica es correcta, tienes una mejor compresión que tus colegas; estás cerca, pero todavía no has llegado."

No hubo más preguntas. Ni ese día, ni ningún otro.

Habían presionado demasiado, habían ido demasiado lejos, y ahora estaban pagando el precio. Puedo ver a los fariseos, herodianos y saduceos alejándose, uno tras otro. No había mucha conversación, quizás algún murmullo aquí y allá. El escriba caminaba lentamente, reflexionando en lo que había pasado hacía instantes.

"¿No estoy lejos del Reino? ¿*Yo*? Serví a Dios toda mi vida. Conozco las escrituras. Hablo en la sinagoga. Tenía un buen argumento en esa conversación. ¡¿Qué quieres decir, con eso de que no estoy lejos del Reino?!

La estocada no vino solo de las palabras que Jesús habló, sino también de la autoridad que las respaldaba. Él no era el advenedizo de Nazaret que sus enemigos creían. Y Él nunca estuvo, ni por un momento, a la defensiva. Cuando Jesús juzgó los pensamientos y las intenciones del corazón de su crítico, Él habló con autoridad como el Rey del Reino de Dios y la Puerta a través de la cual todos aquellos que realmente deseen a Dios deben cruzar.

El escriba vio la Puerta y, de alguna manera, reconoció que la Puerta estaba posicionada correctamente; aun así, no entró por ella. El escriba estuvo de acuerdo con Jesús en la doctrina, y aun reafirmó al Señor con palabras amables, pero no abrió su corazón para creer en Él y rendirse a su Señorío.

Al final del encuentro, los líderes de Israel sabían que no tenían más preguntas para hacer. Habían llegado al final de esa ruta particular, y solo dos caminos se abrían delante de ellos: Rendirse a Él o Eliminarlo.

Todos sabemos el camino que ellos tomaron.

~~~

Mi esposa, Danielle, y yo fuimos designados pastores de Valley Shore en el año 2005. Era un trabajo ya existente que necesitaba ser revitalizado. En nuestro primer domingo, asistieron veinticuatro personas.

Durante nuestro primer año como líderes, yo tuve el mismo ritual previo a la reunión de cada domingo. Manejaba a un lugar en el pueblo donde tuviera una buena vista del océano. Luego oraba, presentándole el mismo pedido a Dios cada semana: "Señor, por favor acerca personas y recursos a nuestra iglesia. Ayúdanos a ganar muchas almas, y a crecer".

Dios nos trajo personas. Algunos habían dejado otras iglesias, otros eran nuevos seguidores de Cristo. Poco a poco, la iglesia creció. Dios estaba respondiendo nuestras oraciones sin lugar a dudas. Pero yo sabía que había más, así que seguí yendo al mismo lugar y orando de la misma manera cada domingo.

Un año más tarde, Dios me habló al corazón. Él me dijo que dejara de pedirle personas y recursos, y que le pidiera a Él que nos diera sabiduría y fuerza para establecer Su gobierno en nuestro ministerio. Dios dijo que cuando Su gobierno estuviera establecido, *Él* vendría a nuestra iglesia; en consecuencia, todo lo demás necesario para crecer y expandirnos sería traído a nosotros también. Él además me pidió que detuviera mi pequeño ritual de los domingos.

Yo no sabía qué significaba establecer Su gobierno o lo que implicaba, y ciertamente no tenía idea lo que iba a costar. Aun así, obedecimos lo que Dios había dicho y confiamos en que Él nos mostraría Sus caminos. Paso a paso, el Señor ha estado enseñándonos. Hemos atravesado varios procesos, con resultados varios. Hemos tenido algunos grandes éxitos, y hemos sufrido algunas pérdidas grandes. Hemos tomado buenas decisiones, y hemos sido responsables de algunos errores grandes.

Hemos aprendido lo siguiente: Dios se siente atraído a Su gobierno. Él habita familias, iglesias, negocios, reinos y naciones que operan de acuerdo a los principios que gobiernan Su Reino; luego, a través de Su Espíritu, Él atrae todos los recursos humanos y materiales necesarios para prosperar los lugares donde Él habita.

Los elementos más centrales del gobierno de Dios son el amor y la santidad, ambos completamente encarnados y perfectamente demostrados por Jesús. Cuando lo recibimos a Él en nuestras vidas, somos cambiados por Dios. Su amor fluye desde Su corazón para gobernar nuestras vidas; y a través de nosotros, las naciones.

Una vez que Jesús es Señor de nuestros corazones, somos además impactados cada vez más por la santidad de Dios. Aprendemos a valorar lo que Él valora y renunciar a lo que Él prohíbe. Los patrones de conducta pecaminosos pierden su poder en nosotros. La rectitud se vuelve más atractiva. Por Su gracia, el Señor nos limpia, nos purifica y nos muestra cómo ser más como Él cada día. Su amor y pureza operan a través de nuestras vidas atrayendo favor y ayuda para nuestros emprendimientos.

El gobierno de Dios no funciona para darle a los hombres o las organizaciones que ellos dirigen control sobre las personas (para gobernar sobre ellos a través de grandes principios, normas o leyes). El gobierno de Dios se trata de darle autoridad y poder *a* las personas que están situadas correctamente (en una relación) con Él.

La llave con la cual obtenemos acceso al Reino de Dios y un asiento en Su gobierno es Jesucristo. Así como un sabio rey terrenal delega responsabilidad y otorga privilegios a aquellos que tienen una buena relación con él, así el Rey de Reyes califica y emplea a los siervos de Su Reino, en el marco de la relación con ellos.

El gobierno de Dios se trata, primero y principal, de rendirse a Jesús como el Hijo de Dios, Mesías, Señor y Rey. El mundo es Suyo. El universo es Suyo. El Reino de Dios es Suyo. Todo lo que somos y hacemos dentro del Reino del Gobierno de Dios depende de nuestra relación con Jesucristo.

¡Qué continuemos creciendo en Él, aún mientras continuamos leyendo las páginas restantes de este libro!

Capítulo 2:

Más Que Un Prodigio

El niño crecía y se fortalecía, y se llenaba de sabiduría, y la gracia de Dios reposaba en él.

Lucas 2:40

El último versículo en el evangelio de Juan me resulta abrumador. Evoca el mismo sentimiento que yo creo tendría una escaladora en las siguientes circunstancias: completa un ascenso arduo hasta la cima de una montaña muy alta, solo para descubrir que hay una cadena montañosa insuperable más allá; una cadena montañosa que estaba tapada inicialmente por la montaña que ella acaba de escalar.

Jesús también hizo muchas otras cosas, las cuales, si se escribieran una por una, pienso que ni aun en el mundo cabrían los libros que se habrían de escribir.
Juan 21:25

Según la declaración de Juan, los cuatro evangelios de Mateo, Marcos, Lucas y Juan, así como el resto del Nuevo Testamento, ofrecen información limitada sobre la vida de Jesús. Yo comparo lo que sabemos acerca del Señor con la montaña alta, y los innumerables libros no escritos con la cadena montañosa que está más allá.

Esencialmente, la "biografía" bíblica de Cristo es apenas una marca en la punta del iceberg. Para mayor revelación y entendimiento de Su naturaleza y caminos, tenemos que basarnos en nuestra relación cada vez más profunda con Dios y en la revelación del Espíritu Santo.

Entre los incontables episodios ausentes del registro escrito, está la información relacionada con la infancia, la adolescencia y los comienzos de la edad adulta de Jesús. El Nuevo Testamento trata sobre Sus primeros treinta años de la siguiente manera:

- **Mateo**: 29 versículos en los capítulos 1 y 2, con un giro muy repentino desde el joven Jesús viviendo en Nazaret con sus padres a Su bautismo por Juan a la edad de treinta.
- **Marcos**: Absolutamente ningún registro. Marcos 1 comienza con el Bautismo de Jesús.
- **Lucas**: 81 versículos (capítulos 1-2)
- **Juan**: Ningún registro. Juan 1 comienza también con el bautismo de Jesús.

Dentro de cuatro capítulos y un total de ciento diez versículos está todo lo que sabemos sobre Jesús, desde Su nacimiento hasta el comienzo de Su ministerio. Y solo trece de esos versículos hablan de la vida de Jesús entre el momento que Él fue dedicado en el templo y Su bautismo en el río Jordán. (Lucas 2:40-52)

Aun así, dentro de esos trece versículos hay suficiente evidencia que Jesús, aun a una edad muy temprana, estaba investido con todas las cualidades necesarias para establecer y manifestar el gobierno de Dios; y finalmente, establecer el patrón para el dominio del mundo entero.

~~~

Cuando Jesús vivió en la tierra, el gobierno de Dios reposó sobre Él. Como vimos en la Introducción, Isaías profetizó que *"él tendrá el gobierno sobre su hombro..."* El profeta también dijo:

"La extensión de su imperio y la paz en él no tendrán límite." (Isaías 9:6,7)

El gobierno y la paz de Cristo son imparables e ilimitados, porque Él ha puesto en Sus seguidores el mismo manto de gobierno que reposaba sobre Él. Dios está dentro de todos los que se han rendido al señorío de Jesucristo, y también lo está Su gobierno. Los seguidores de Cristo operan dentro de los confines del gobierno de Dios para manifestar el Reino de Dios en la tierra. Nuestro objetivo es siempre el mismo: glorificar a Dios.

Si el gobierno de Dios fuera una estructura dentro de nuestro ser, estaría sostenido sobre cuatro pilares principales: integridad, autoridad, sabiduría y favor.

Lo que sabemos sobre la vida temprana de Jesús indica que los cuatro pilares ya estaban ubicados firmemente, mucho antes que Él comenzara Su ministerio. Dos versículos del evangelio de Lucas pintan el cuadro:

> *Se fue con ellos a Nazaret y vivió sujeto a ellos. Por su parte, su madre guardaba todo esto en su corazón. Y Jesús siguió creciendo en sabiduría y en estatura, y en gracia para con Dios y con los hombres.* Lucas 2:51-52

Examinemos los cuatro pilares del gobierno en el joven Jesucristo:

INTEGRIDAD

Caminar en integridad es caminar honorablemente e íntegramente delante de Dios y los hombres. La interacción de Jesús con algunos líderes y sus padres terrenales durante un incidente a Sus doce años indican que el pilar de integridad estaba bien ubicado:

Jesús había acompañado a María y José a Jerusalén para la fiesta anual de la Pascua. Cuando los días de la fiesta terminaron, la familia comenzó el viaje hacia el norte hasta su casa en Nazaret. Sin que José y María lo supieran, Jesús se había quedado atrás. La pareja había asumido que Jesús estaba viajando con otros parientes o conocidos. Luego de la jornada del día, probablemente a la noche, cuando los niños se encuentran con sus padres para dormir juntos como una familia, se hizo evidente que Jesús no estaba en este viaje.

Profundamente preocupados, como cualquier padre lo estaría, José y María volvieron a Jerusalén en busca de su hijo. Luego de una frenética búsqueda de tres días por toda la ciudad, los padres de Jesús finalmente lo encontraron en el templo. Él había estado allí todo el tiempo, *"sentado en medio de los doctores de la ley, a quienes escuchaba y les hacía preguntas."* (Lucas 2:46) La presencia, conducta y palabras de Jesús dejaron perplejos a aquellos que estaban reunidos allí, y Sus padres estaban sorprendidos también.

Sin dudas aliviada, pero todavía conmovida, María preguntó: *"Hijo, ¿por qué nos has hecho esto? ¡Con qué angustia tu padre y yo te hemos estado buscando!"* (Lucas 2:48)

Tres hechos en los siguientes versículos del texto proveen evidencia del pilar de integridad:

1) Jesús preguntó por qué lo buscaban. *"¿Acaso no sabían que es necesario que me ocupe de los negocios de mi Padre?"* (v. 49)

2) María y José no entendieron lo que Jesús quiso decir. (v. 50)
3) Jesús volvió a Nazaret con ellos y *"vivió sujeto a ellos."* (v. 51)

Jesús claramente conocía Su identidad como Hijo de Dios a la edad de doce años. Él también conocía Su responsabilidad de ocuparse *"de los negocios de [Su] Padre"*. El haberse quedado en Jerusalén luego de la Fiesta fue debido al hecho que Jesús estaba caminando en Su identidad y tarea. Y, según la evidencia, Él ya estaba llevando fruto:

Todos los que lo oían se asombraban de su inteligencia y de sus respuestas. Lucas 2:47

Los padres de Jesús habían reconocido desde el principio que Él era el Hijo de Dios. De todas maneras, ellos no entendían completamente el llamado de Jesús. A ellos ni se les ocurrió buscar primero en el templo, sino que pasaron tres días buscando por otras partes de la ciudad. Ellos no entendieron por qué su hijo se quedó en Jerusalén para pasar tiempo en el tiemplo, sin siquiera avisarles. Ellos expresaron su preocupación y regresaron a Jerusalén.

Jesús sabía que Él no tenía el ADN fisiológico de José. Él también sabía que las iniciativas de Dios en Su corazón, tales como pasar tres días en el templo, eran más importantes que las expectativas y acciones de todas las personas, incluyendo a María y José. Aun así, Jesús se sometió a María y José. Él volvió con ellos y se rindió a su autoridad mientras vivió bajo su techo.

El pilar de integridad se ve en Jesús en el hecho que Él honró a María y José, mientras sabía que Dios era Su verdadero

Padre. Él se sometió a su autoridad, mientras era plenamente consciente de Su autoridad divina. Aún más, Jesús escuchó a los maestros del templo e hizo preguntas cuando, evidentemente, Él poseía un conocimiento y entendimiento superiores. Jesús caminó verdaderamente de forma honrada e íntegra delante de todas las personas. El pilar de integridad era sólido.

AUTORIDAD

Examinamos la autoridad dentro del gobierno de Dios más extensivamente en el capítulo siguiente; por lo tanto, nuestra discusión de este pilar en particular será muy breve.

No es accidente que la declaración de Lucas sobre Jesús creciendo en sabiduría, estatura y gracia (2:52) siga al relato de Su sumisión a Sus padres terrenales (2:51). En el Reino de Dios, el obtener autoridad divina depende de someterse a la autoridad terrenal. Porque Jesús honró la autoridad de Sus padres terrenales y otros líderes, Dios le dio autoridad en constante aumento para Su tarea.

Como veremos abajo, una medida de autoridad sin precedentes e ilimitada se manifestó inmediatamente al comienzo del ministerio terrenal de Jesús. Su poder procedía de Su constante crecimiento en estatura (importancia y habilidad) a lo largo de Sus primeros años; y ese crecimiento era el resultado de la sumisión de Cristo hacia Dios y la autoridad humana.

Es muy importante para los padres, maestros, entrenadores y todas las otras figuras de autoridad el enseñarle a las generaciones más jóvenes a honrar la autoridad. Las escuelas, particularmente, deben hacer una prioridad del "entrenamiento de honor". Los estudiantes que no tienen aptitud para desarrollarse exitosamente en alguna materia, pueden simplemente centrar su atención en otra cosa. Pero, por el contrario, si les falta respeto por la autoridad, eventualmente van a llegar a un punto muerto, sin importar lo que estén tratando de lograr.

Durante mi tiempo en el campo de entrenamiento de los Boinas Verdes en la isla de Chipre, nos enseñaron la cadena de mando y los protocolos correctos relacionados con la interacción con nuestros superiores, antes que aprendiéramos a marchar, rapelar, o disparar un rifle. Cada faceta de nuestro servicio militar y todos los niveles de nuestro desarrollo como soldados dependían de nuestro entendimiento y sumisión a las estructuras de autoridad establecidas por el Ejército.

SABIDURÍA

El episodio de los cuatro días de Jesús en el templo de Jerusalén luego de la Pascua demuestra el pilar de sabiduría de varias maneras:

1) El templo, como un lugar donde los maestros y líderes eclesiásticos compartían su conocimiento, fue más atractivo para Jesús que cualquier otro lugar en Jerusalén; por ende, Su elección de pasar cuatro días ahí.
2) Jesús tuvo un deseo de asociarse con hombres mayores que Él (dudo que yo hubiese hecho lo mismo si me hubiera quedado solo durante un viaje a una ciudad grande cuando tenía doce años).
3) Jesús escuchó a Sus maestros. La sabiduría no solo es reconocida por lo que decimos, sino también por

aquello que escuchamos. Ser rápido para oír y lento para hablar es una señal de sabiduría.

Atiende al consejo, y acepta la corrección; así acabarás siendo sabio. Proverbios 19:20

4) Jesús hizo preguntas. Muchas veces, la sabiduría es más evidente por lo que una persona pregunta, que por lo que responde.
5) Jesús dio respuestas y demostró entendimiento, lo cual era asombroso para aquellos que lo escucharon.
6) Él obedeció a Sus padres y volvió a su casa con ellos.
7) Él obedeció a Su Padre celestial al estar en Sus negocios.

Los reyes, gobernantes, príncipes, nobles y jueces reinan y decretan justicia a través de la sabiduría. Es un pilar para el gobierno y el dominio.

Alrededor de veinte años después de Su encuentro con los maestros en el templo, Jesús enseñó en la sinagoga de Nazaret. Y tal como lo había hecho en Jerusalén a los doce años, el Señor asombró a aquellos que lo escuchaban. Ellos exclamaron:

¿De dónde sabe éste todo esto? ¿Qué clase de sabiduría ha recibido? ¿Cómo es que con sus manos puede hacer estos milagros? Marcos 6:2

Los compatriotas de Jesús no lo recibieron. Ellos fallaron en percibirlo por quien Él era, el Mesías y Señor. Ellos solo podían relacionarse con Jesús como *"el carpintero, hijo de María y hermano de Jacobo, José, Judas y Simón"*, por lo tanto *"les resultaba muy difícil entenderlo."* (v. 3) Aun así, las personas de Nazaret que escucharon a Jesús en la sinagoga hicieron una observación muy acertada: Su enseñanza asombrosa y Sus obras milagrosas provenían de la sabiduría.

FAVOR

El favor es un pilar del gobierno de Dios porque abre puertas. Los maestros del templo le permitieron a Jesús sentarse entre ellos porque Él halló favor con ellos. Imagina a cualquier niño o niña de doce años que conozcas, e imagínalo/a en la compañía de los líderes de cualquier campo en particular, ¡y además asombrándolos!

Mientras el Señor continuaba interactuando con esos líderes, Su favor con ellos aumentaba. Jesús creció en favor tanto con Dios como con los hombres. Ambos son necesarios para el máximo impacto del Reino.

El favor con Dios nos da acceso a Su corazón y caminos, nos posiciones en regiones celestiales saturadas con la luz y el amor de Dios y llenas de entendimiento y revelación. De nuestra comunión con Él viene todo lo necesario para lograr nuestros objetivos y cumplir nuestro destino.

El favor con Dios también nos establece como colaboradores con Él, en vez de simples obreros a quienes Él les "paga un sueldo".

Durante mi tiempo en la universidad, trabajé para dos hombres que comerciaban en antigüedades y coleccionables de lujo. Los hombres eran adinerados, bien educados, refinados y altamente reconocidos en círculos sociales. Ellos eran exitosos hombres de negocios que conocían bien su área y siempre demostraban excelencia en sus tratos.

Los comerciantes de antigüedades poseían cuatro acres en el Río Delaware en Pensilvania, a menos de una milla del lugar donde George Washington cruzó el río durante la Guerra Revolucionaria. Era un lote de tierra hermoso y muy valuado, en el medio del cual se erigía una casa impactante, llena de antigüedades exóticas, obras de arte, instrumentos musicales y coleccionables peculiares de numerosas naciones.

Los hombres me contrataron durante mi primer año de universidad para ayudarlos a atender su propiedad. Inicialmente, mi tarea involucraba cortar el césped y quitar la maleza en el verano, rastrillar hojas en el otoño y podar arbustos y plantar flores en la primavera. En el invierno, trabajaba dentro de la casa, pintando o barnizando muebles, reacondicionando ítems para el negocio de mis empleadores y puliendo su cocina de cobre y su extensa colección de vajilla de plata y cobre.

Me pagaban y trataban muy bien. Trabajé para estos hombres a lo largo de mi carrera de grado y durante mi primer año de posgrado. Mis jefes apreciaban mi ética de trabajo y aprobaban mi rendimiento. Ellos también notaron que yo tenía un deseo de entender el comercio involucrado en su negocio de antigüedades. Poco a poco, los dos hombres me abrieron más y más su mundo de comercio de antigüedades. Ellos me permitieron conocer sus procesos de razonamiento al comprar y vender ciertos ítems. Ellos me enseñaron algunas de las dinámicas involucradas en negociaciones, acuerdos, contratos, subastas, y más. Al momento de terminar mis estudios y separarme de mis empleadores, había aprendido muchos de los mecanismos internos del comercio de antigüedades y coleccionables.

En la medida que crecí en favor con ellos, crecimos en relación, y a través de la relación, obtuve conocimiento y entendimiento valiosos. Durante mi último verano trabajando para los hombres, ellos me involucraron en muchas de sus conversaciones relacionadas con su lucrativo negocio de antigüedades en la isla de Nantucket, Massachusetts.

Atribuyo mucho de mi pasión y éxito en el intercambio de canicas, juguetes y otras antigüedades a mi asociación con mis empleadores, que no me trataron como un obrero, sino como un colaborador en su área de experiencia. El favor con Dios hace exactamente eso: nos trae a Sus cortes internas y a la habitación de Su trono, donde interactuamos cercana e íntimamente, colaborando juntos en el avance de Su Reino. EL favor de Dios en nuestras vidas, y cada bendición espiritual y material asociada a él, va a aumentar a la vez nuestro favor con las personas.

Cuando comencé a comerciar canicas de colección, apliqué muchos de los principios que había aprendido durante mi tiempo con mis empleadores para establecer relaciones firmes con los comerciantes y coleccionadores, y por lo tanto, lograr un negocio/pasatiempo lucrativo y entretenido. El favor con mis jefes resultó en favor con futuros compradores y vendedores. De la misma manera, el favor con Dios abre puertas para una relación agradable y una influencia en aumento con las personas.

El favor con Dios y las personas no es un "activo fijo" en nuestras vidas. Puede crecer con el tiempo. Las Escrituras indican que Jesús "crecía" en gracia (favor) continuamente. ¡Nosotros también podemos!

Cuando Salomón exhortó a su hijo a través de los proverbios, él hizo énfasis especialmente en dos ideales:

No te apartes de la misericordia y la verdad; átalas alrededor de tu cuello, escríbelas en la tabla de tu corazón. Proverbios 3:3

El siguiente versículo revela una conexión entre la misericordia y la verdad, y el aumento del favor.

Así contarás con el favor de Dios, y con una buena opinión ante los hombres. Proverbios 3:4

Como discutimos con anterioridad, en el mismo centro del Gobierno de Dios está el amor y la rectitud. La misericordia y la verdad provienen de esos dos atributos más prevalentes del corazón de Dios. La misericordia es una manifestación de Su amor, y la verdad es integral a la santidad.

Las dos razones principales por las que Jesús vino a la tierra fueron la verdad y la misericordia. Él predicó la verdad (el evangelio del Reino) y mostró la misericordia de Dios al salvarnos de nuestros pecados. La misericordia y la verdad fueron las principales fuerzas motivadoras en Jesús en cada etapa de Su desarrollo; por ende, Su continuo crecimiento en favor con Dios y con las personas.

A medida que nuestro deseo y capacidad por la misericordia y la verdad aumentan, también aumentará el favor de Dios en nuestras vidas.

~~~

Los famosos jóvenes prodigios y las renombradas sensaciones adolescentes en la industria del entretenimiento palidecen en comparación al Jesucristo de doce años. Dentro del contexto de la única vislumbre bíblica en los primeros años de Jesús, nos encontramos con el brillante, carismático, ungido, enseñable, entendido, entrañable, humilde y audaz Hijo de Dios.

El portaba cada vez más integridad, autoridad, sabiduría y favor, pilares centrales del gobierno del Reino, que continuarían creciendo y solidificándose dentro del Él durante los siguientes dieciocho años, hasta que el Mesías estuviera completamente desarrollado y perfectamente posicionado para el lanzamiento de Su ministerio explosivo que cambió al mundo.

CAPÍTULO 3:

CREDIBILIDAD INSTANTÁNEA

Instant Credibility

> *Este principio de señales hizo Jesús en Caná de Galilea, y manifestó su gloria; y sus discípulos creyeron en él.*
>
> Juan 2:11

Era un día feliz en Caná de Galilea. ¡Una boda! El novio, la novia, los amigos, la ceremonia, la recepción, un festín. Más allá de algunas diferencias culturales, el evento era similar a las fiestas de bodas de numerosas culturas en todo el mundo. La banda estaba tocando, la gente estaba sonriendo, la comida estaba siendo servida, y el vino fluía... por un tiempo, es decir, ¡luego se acabó!

Una boda en Caná sin vino sería el equivalente del turno nocturno de una fábrica sin cafeína. ¡No podría funcionar! No sin vino. Fermentado o sin fermentar, tinto o blanco, ¡simplemente no puedes quedarte sin vino en una boda judía!

Solo podemos imaginarnos el pánico entre los responsables. Los camareros estaban desesperados:

"Ey, ¿sabes dónde hay más vino? ¡Mi jarro no tiene más y el barril está vacío!"

"La última vez que vi había un poco allí, pero ahora se acabó."

"Todos busquen. Tiene que haber vino en alguna parte. ¡Y no digan nada a nadie hasta que encontremos un poco de vino!"

"Jefe, no hay vino en ningún parte de las premisas. No sabemos qué pasó. No hay más."

"Estamos fritos..."

María, Jesús y Sus discípulos eran invitados en *esa* boda. De alguna manera, al enterarse de la falta de vino, María pensó que Jesús podría hacer algo con el problema. Su impresión partía de su entendimiento de la identidad de Jesús y tres décadas de cuidadosa observación y una profunda reflexión sobre el desarrollo de su hijo.

"*Ya no tienen vino.*"

Tuvo que haber una cierta "mirada" acompañando las palabras de María, algo que comunicara "espero que Tú hagas algo al respecto."

¿Qué tienes conmigo, mujer? Mi hora aún no ha llegado.
Juan 2:3-4

¡En ese momento ella definitivamente le dio a Jesús "esa" mirada!

María no aceptó aquella respuesta. ¡Cientos de profecías acerca de la venida de Cristo y Su maravilloso impacto sobre la humanidad! Luego, el anuncio de los ángeles, el nacimiento virginal, los pastores en el pesebre, los magos con sus regalos, Simeón y Ana en el templo, Jesús enseñándole a los maestros a los doce años y treinta años de crianza sobrenatural en la casa de María y José. Y justo cuando María pensó que el toque de Dios en Su vida se volvería aparente para todos (¿y qué mejor momento que una boda?), ¡Jesús dijo que Su hora no había llegado!

Ella no podía aceptarlo. Llena de fe y determinación, e indudablemente inspirada por haber criado al Hijo de Dios, María se conectó con un reino invisible al que solo se puede acceder por fe, y trajo a ese momento lo que había sido reservado para más adelante:

> *Su madre dijo a los que servían: "Hagan todo lo que él les diga."* Juan 2:5

No sabemos cómo Jesús procesó la interacción, o cuánto tiempo pasó hasta que Él habló. Pero cuando Él habló, algo extraordinario sucedió.

Jesús les dijo a los sirvientes que llenaran seis tinajas de piedra con agua. Cada recipiente podía contener entre 75 y 113 litros. Aun si algunos de los recipientes ya estaban parcialmente llenos, la orden de Jesús requería un proceso de trabajo intensivo. Ellos no tenían grifos con mangueras, bombas o alguna manera rápida de hacerlo. En el mejor de los casos, los sirvientes tenían que acarrear agua en vasijas más pequeñas luego de sacarla de un pozo. Había que comprometerse con el trabajo y requería tiempo.

Sorprendentemente, ellos obedecieron a Jesús. Los sirvientes, que ya estaban preocupados con las tareas de la boda y la apremiante crisis del vino, ¡detuvieron todo para llenar seis grandes recipientes de agua!

Cuando Jesús le dijo al personal de la boda qué hacer, Él no era conocido por Su ministerio de señales o maravillas. Convertir el agua en vino fue Su *primer* milagro. No había reportes de eventos similares a través de Su iniciativa, no había registros o reputación que lo precediera. Ni siquiera habían existido incidentes registrados en la historia que validaran el uso de agua para producir vino instantáneamente.

Así que, ¿por qué los sirvientes obedecieron la directiva del Señor y llenaron los recipientes con agua?

El texto ofrece una posibilidad. María les dijo que hicieran cualquier cosa que Jesús dijera. Parece que María tenía un grado de respetabilidad y credibilidad entre los sirvientes, posiblemente por su relación con la familia de los anfitriones. La mayor parte de la respuesta, de todas maneras, yace en Jesús Mismo:

Su orden de buscar agua vino con autoridad, no la de María o la Suya, sino de Dios.

~~~

Jesús demostró autoridad extraordinaria durante Su vida en la tierra. Cuando Él hablaba, era como si Dios hablara, y las cosas cambiaban, ¡instantáneamente!

Inmediatamente:

Pescadores sin éxito estaban dispuestos a salir nuevamente al mar y arrojar sus redes, una vez más.

Los hermanos Zebedeo renunciaron a ser parte del negocio pesquero familiar para convertirse en Sus discípulos.

Un recolector de impuestos, Mateo, dejó su puesto lucrativo para seguirlo.

La suegra de Pedro fue sanada de fiebre.

Un paralítico levantó su camilla y caminó.

Los demonios eran echados.

Las extremidades secas eran restauradas.

Los leprosos eran limpiados.

Los ojos ciegos eran abiertos.

La comida se multiplicaba.

Las tormentas se aplacaban.

Los muertos eran resucitados.

En cada caso, Jesús simplemente habló: ¡con autoridad!

Desde el mismo comienzo de Su ministerio terrenal, las multitudes quedaban muy asombradas por las palabras y maneras de actuar de Jesús:

> *La gente se admiraba de sus enseñanzas, porque enseñaba como corresponde a quien tiene autoridad, y no como los escribas.* Marcos 1:22

> *¡Con toda autoridad manda incluso a los espíritus impuros, y éstos lo obedecen!* Marcos 1:27

> *... les hablaba con autoridad.* Lucas 4:32

> *Hasta el viento y las aguas lo obedecen...* Marcos 4:41

Nunca puede haber gobierno sin autoridad. La autoridad es el poder para aplicar leyes, exigir obediencia, dar órdenes, tomar decisiones y juzgar. La autoridad es poder: poder delegado a aquellos responsables de establecer orden, justicia y una medida de gobierno en la tierra.

La autoridad que Jesús ejercitó a través de Su ministerio terrenal, así como también la autoridad que Él luego le otorgó a Sus discípulos y finalmente a Su Iglesia, era la fuerza sobrenatural necesaria para establecer y estructurar el Reino de Dios en el mundo. En el momento que la autoridad de Dios se manifestó a través de Jesús en la boda de Caná, los muelles pesqueros en el mar de Galilea, en el dormitorio de la hija (muerta, luego resucitada) de Jairo o en las tumbas de Gadara, el mundo recibió el aviso que el gobierno de Dios estaba en operación. En ese mismo momento, Jesús tuvo credibilidad instantánea.

~~~

Considera a la hija de un buen rey: un rey que establece un estándar muy alto de moralidad e integridad. Él es un rey honesto y justo, uno que es sabio, fuerte, compasivo y audaz.

La princesa crece en las cortes de su padre, rodeada continuamente de líderes y cortesanos honorables, honestos y sabios. A lo largo de sus días de juventud y comienzos de su adultez, ella tiene una perspectiva privilegiada acerca del establecimiento de leyes, la proclamación de decretos, la planificación de campañas, los desafíos de la administración, los riesgos de las guerras, la redacción de normas y muchos otros aspectos de los dominios de su padre.

La exposición de la princesa al reino bien manejado de su padre la equipa con discernimiento en lo que respecta a gobierno. Su crianza de alto nivel y su entendimiento le inculcan grandes expectativas sobre cómo debería verse y cómo debería operar un buen gobierno. Aún la más mínima aberración del estándar con el que la princesa fue criada llamará la atención rápidamente.

En la época de Jesús, Israel era como la princesa, en el sentido que las personas habían venido originalmente de un buen Reino. Ellos habían sido creados por un Dios que los amaba. Él era su Rey, y Sus cortes estaban llenas de rectitud y gloria. Esa era la herencia de Israel, su composición espiritual. A lo largo del tiempo, los hombres y sus tradiciones establecieron un ambiente que era muy diferente del deseo y corazón de Dios.

Cuando Jesús comenzó Su ministerio, Su ejercicio de la autoridad del Reino animó e inspiró a aquellos que habían estado viviendo bajo el régimen opresivo del gobierno existente, tanto de Roma como de Israel. Inmediatamente, individuos que portaban el ADN espiritual de la justicia y rectitud de Dios reconocieron aquello que había estado ausente e ilegítimo en su sociedad todo ese tiempo. El deseo de las personas por Dios y Su gobierno fue revivido, su fe y esperanza fueron reactivadas.

Aquellos que conocen su verdadera identidad en Cristo pueden reconocer rápidamente un gobierno auténtico cuando lo ven. La autoridad es la primera señal que lo evidencia. Ellos identifican el gobierno y perciben su nivel de efectividad de acuerdo a la manifestación de la verdadera autoridad del Reino. Las personas pueden también reconocer y (por ende) evitar estructuras de liderazgo controladoras, restrictivas, manipuladoras y opresivas.

Cuando Jesús iluminó a las masas y estableció credibilidad con todo el que participó de Su ministerio, Él enfureció a los

Choque de gobiernos

líderes que eran responsables de socavar la autoridad del Reino a través de sus sistemas de control.

La demostración del evangelio del Reino siempre expone, confronta y molesta a los modelos religiosos y políticos ilegítimos e ilegales.

Las "autoridades" de Israel no podían igualar la autoridad de Jesús con sus palabras o hechos; por lo tanto, ellos trataron de usar su jurisdicción y peso para desafiarlo:

> *Cuando Jesús llegó al templo, los principales sacerdotes y los ancianos del pueblo se acercaron a él mientras enseñaba, y le preguntaron: "¿Con qué autoridad haces esto? ¿Quién te dio esta autoridad?"*
> Mateo 21:23

Jesús respondió, no defendiendo o explicando Su autoridad, sino demostrándola. El Señor les preguntó a Sus críticos Su propia pregunta, una que probó Su comprensión superior sobre el tema:

> *El bautismo de Juan, ¿de dónde era? ¿Del cielo, o de los hombres?* Mateo 21:25

Los jefes de los sacerdotes y los ancianos estaban perplejos. Si ellos decían que el bautismo de Juan venían de los hombres, ellos habrían perdido (todavía más) credibilidad con la multitud, porque las personas consideraban a Juan un profeta. Si ellos respondían que Juan había sido enviado por Dios, Jesús los hubiera confrontado por no haber recibido a Juan. Atrapados entre la lógica impecable de Jesús y su temor de la multitud, los líderes religiosos admitieron no saber la respuesta y se apartaron.

¿Alguna vez te ha sucedido que alguien a quien trataste de convencer del amor de Dios te haya cuestionado por qué Dios no detiene a los genocidas, líderes corruptos, dictadores inhumanos, terroristas, ladrones y agresores? O, ¿por qué Él no impide que plagas de langostas y otras pestes devoren sembradíos y destruyan el sustento de las personas? ¿Por qué Dios no expone y lleva a la justicia a los espías, conspiradores y traidores antes que ejerzan su oficio oscuro y pongan en peligro a naciones enteras? ¿Por qué Dios no interviene más y detiene a personas y sucesos malos?

He oído esas preguntas muchas veces, y he oído a menudo la siguiente respuesta, aun de seguidores devotos de Cristo: "Dios no causa el mal, pero permite que suceda por una razón."

Es una respuesta que suena bonito, pero no es correcta.

Dios no permite el mal, ¡*nosotros* lo hacemos! Él no interviene, ¡porque ese es *nuestro* trabajo!

Luego que Dios creara la tierra, Él nos hizo administradores de ella. Él le dio al hombre la responsabilidad de cuidar de Su creación y de ser *"señor de las obras de [Sus] manos"* (Salmo 8:6)

> *Los cielos son los cielos del Señor; a los mortales nos ha dado la tierra.* Salmo 115:16

Con la responsabilidad, Dios también nos concedió autoridad, no para que podamos hacer alarde de ella a través de títulos ostentosos delante de nuestros nombres y de placas grabadas en nuestros buzones, puertas y escritorios, sino para que administremos apropiadamente el gobierno y la paz de Dios dentro de los dominios de nuestra influencia y responsabilidad.

En una de sus cartas, Pablo exhorta a Tito *"para que [corrigiera] lo deficiente"* en Creta (Tito 1:5). Él le dice a Tito que establezca ancianos en cada ciudad, y le da calificaciones específicas para esa tarea. Pablo le advierte a Tito que hable *"de lo que vaya de acuerdo con la sana doctrina"* (2:1) y así, que erradique las vanidades y el engaño; que detenga a aquellos que *"trastornan casas enteras, y a cambio de ganancias deshonestas enseñan lo que no conviene"* (1:10-11).

Luego, Pablo esboza los estándares apropiados que Tito debe cultivar en la iglesia, aquello relacionado con la disposición y el comportamiento tanto de jóvenes como de ancianos, y de los esclavos (2:2-10). Él enfatiza la importancia de vivir *"de manera sobria, justa y piadosa"* para *"nuestro gran Dios y Salvador Jesucristo, quien se dio a si mismo por nosotros"* para hacernos Su *"pueblo propio, celoso de buenas obras."* (2:12, 14)

Además, Tito debía recordarle a los cretenses que *"se sujeten a los gobernantes y a las autoridades; que obedezcan y que estén dispuestos a toda buena obra"*. Ellos debían hablar bien de todos, ser amables, mansos y humildes con todos los hombres. (3:1-2)

Pablo le manda a su hijo en la fe que afirme esos principios continuamente, *"para que los que creen en Dios procuren ocuparse en las buenas obras."* (3:8)

> *Habla de estas cosas, y exhorta y reprende con toda autoridad. Que nadie te menosprecie.* Tito 2:15

Claramente, Pablo esperaba que Tito ejercitara su autoridad como el líder sobre ese trabajo en particular en Creta. Pablo oraría gustosamente por su joven protegido, él declararía la gracia y misericordia de Dios sobre él y enunciaría los ideales y estándares del Reino; de todas maneras, Pablo no haría el trabajo por él: Tito tenía que levantarse y gobernar.

Como pastor, no puedo esperar que Dios o algún hombre dirija mi congregación por mí. El Señor me designó a *mí* y me dio autoridad sobre esta área particular de Su gobierno. A medida que yo continuamente ore por este trabajo, confío en que el Señor me concederá sabiduría, recursos, fuerza y ayuda. Él me ayudará y animará; Él traerá corrección cuando fuere necesario. Dios siempre me dará visión y dirección; Él me mostrará Sus caminos y revelará Sus sendas ante mí, ¡pero Él no ocupará mi lugar!

Dios nos encomendó a ti y a mí la administración de su creación. Él nos hizo gobernadores sobre los reinos de la existencia terrenal que Él ha designado. Jesús nos delegó responsabilidad y nos puso a disposición poder y autoridad celestiales para lograr nuestras tareas. Luego de haber orado por Su sabiduría y gracia, y de haber recibido todo el entrenamiento que Él ha provisto durante temporadas de preparación, debemos levantarnos y colaborar con el Padre, el Hijo y el Espíritu Santo. Ninguna cantidad de oración va a mover a Dios para que haga aquellos que Él nos encomendó a *nosotros*. Lo que lo moverá es nuestro avance hacia la tarea que Él nos dio.

~~~

Uno de los momentos más decisivos en el ministerio terrenal de Jesús ocurrió en una noche tormentosa en el mar de Galilea. Tan solo un par de horas antes, el Señor y Sus discípulos habían alimentado a miles de personas, cuando cinco panes y dos peces se multiplicaron milagrosamente. ¡Se recogieron doce canastas de comida de sobra!

Luego de alimentar a la multitud, Jesús les indicó a Sus discípulos que se subieran a un bote y cruzaran al otro lado del gran lago. Cuando los discípulos estaban en el medio de su viaje, en el bote *"azotado por las olas"*, Jesús apareció repentinamente caminando hacia ellos sobre las olas.

Los discípulos estaban asustados, más por el fenómeno de Jesús caminando sobre el agua que por el mar agitado. El Señor trató de calmarlos con Su saludo característico:

¡Ánimo! ¡Soy yo! ¡No tengan miedo! Mateo 14:27

Pedro no estaba convencido.

Señor, si eres tú, manda que yo vaya hacia ti sobre las aguas. (v. 28)

Toma en cuenta cómo Pedro estaba captando el concepto de autoridad. Él reconoció que si el hombre caminado sobre el agua era realmente Jesús, una orden Suya sería todo lo que Pedro necesitaría para hacer lo mismo.

Jesús dio la orden. Pedro caminó sobre el agua. Luego comenzó a hundirse. Jesús rescató a Pedro extendiendo Su mano y tomándolo. ¡Qué encuentro!

Cuando ellos subieron a la barca, el viento se calmó. (v. 32)

El próximo versículo nos trae al momento climático:

Instant Credibility

Entonces los que estaban en la barca se acercaron y lo adoraron, diciendo: "Verdaderamente, tú eres Hijo de Dios." Mateo 14:33

Los doce discípulos habían sido testigos y participado activamente en la multiplicación de la comida de un muchacho para proveer a miles. Ellos ya habían estado con Jesús en Caná, cuando Él había convertido el agua en vino. Estos hombres habían visto a la suegra de Pedro, todo los enfermos y endemoniados de su pueblo, y muchas personas a lo largo de Galilea ser sanadas milagrosamente y liberadas instantáneamente. De todas maneras, ellos todavía no habían reconocido y adorado a Jesús como el Hijo de Dios, no hasta que lo vieron demostrar autoridad y poder sobre la creación.

Cuando Jesús caminó sobre las olas y luego hizo que el viento cesara y el mar se calmara instantáneamente, Él demostró autoridad sobre las fuerzas que tienen la capacidad de abrumar y oprimir a las personas. En ese momento, los discípulos quedaron totalmente convencidos que Él era el Mesías, ¡y lo adoraron como tal!

Estamos viviendo en un tiempo donde el pueblo de Dios debe atraer cada vez más almas a Jesús, haciendo las obras que Él hizo, ¡y *"aún mayores obras"*! (Juan 14:12). Ejercitar una autoridad como la de Cristo sobre la creación maximizará nuestro impacto. El mundo está buscando ansiosamente una manifestación de poder genuino y sobrenatural que sea capaz de transformar vidas. La industria cinematográfica, la programación en la televisión y la literatura (especialmente materiales que tienen a los adolescentes como público) están inundadas con el concepto de humanos obteniendo y utilizando poder sobrenatural.

Aún los escenarios más alocados que son presentados en la pantalla gigante o en novelas palidecen en comparación con las hazañas asombrosas que los hijos de Dios realizarán. El reino en donde uno tiene dominio sobre la creación es un reino que Jesús demostró y para el cual Él nos abrió un camino para que nosotros entremos. ¡Estoy completamente convencido que en los días por venir, la Iglesia tomará ese manto y glorificará a Dios mediante las demostraciones más asombrosas de poder y autoridad sobre la creación que hayan existido!

Capítulo 4:

Sacudidas y Confrontaciones

Sacudidas y Confrontaciones

Pero al ver las cosas maravillosas que hacía, y que los muchachos lo aclamaban en el templo y decían: "¡Hosanna al Hijo de David!", los principales sacerdotes y los escribas se indignaron...

Mateo 21:15

Una conferencia interreligiosa internacional concluyó que más de cien mil cristianos mueren como mártires anualmente. En promedio, un cristiano es asesinado por su fe cada cinco minutos. El número no incluye guerras civiles o guerras entre naciones[1]. En muchas naciones, las iglesias no tienen permitido poseer propiedades, y los cristianos se enfrentan continuamente a muchas formas de discriminación y abuso.

Los gobiernos no oprimen a los cristianos, y los militantes no se convierten en asesinos de adoradores pacíficos solo por tener creencias diferentes. El problema no es lo que los seguidores de Cristo *creen*, sino aquello que ha sido depositado dentro de ellos de parte de Aquel en quien pusieron su fe.

Cada seguidor genuino de Jesús porta la revelación, autoridad, unción, favor y poder para traer reformación y verdad a cada dimensión de la sociedad. Cuando un creyente camina en sumisión y obediencia a Dios, aplicando los principios mediante los cuales Su Reino opera, el gobierno de Dios comienza a fluir desde ese individuo, preparando el escenario para la dominación. Los panoramas espirituales,

---

[1] "Shocking Figures Reveal 105,000 Christians are Martyred Every Year." Daniel Blake, *The Christian Post*, 8/6/11

socioeconómicos y políticos comienzan a cambiar. La Biblia sostiene, y numerosos reportes de alrededor del mundo lo confirman, que aun la tierra física es sanada y se vuelve fructífera en respuesta a *"la manifestación de los hijos de Dios."* (Romanos 8:19)

Cuando Dios se levanta en Su pueblo y el pueblo de Dios se levanta para ocupar sus lugares de autoridad legítimos, los gobiernos chocan. El dominio falso es expuesto y los perpetradores reciben una advertencia: "Se acabó el tiempo. Arrepiéntanse, ¡sean reformados!"

~~~

Los resultados maravillosos que atraían a las multitudes a las reuniones de Jesús también atraían criticismo y oposición. Ambos venían a menudo juntos. Jesús hablaba u oraba por los enfermos en las aldeas, ciudades o en el campo. Las personas venían hacia Él de cada dirección. Ellos *"ponían en las calles a los que estaban enfermos"*, deseando que Jesús los ministrara. Algunos aun *"le rogaban que les permitiera tocar siquiera el borde de su manto."*

¡Y todos los que lo tocaban quedaban sanos!
Marcos 6:56

La elite religiosa nunca celebró o siquiera notó esos resultados asombrosos. Por el contrario:

Los fariseos y algunos de los escribas, que habían venido de Jerusalén, se acercaron a Jesús y vieron que algunos de sus discípulos comían pan con manos impuras, es decir, sin habérselas lavado. Marcos 7:1-2

Sacudidas y Confrontaciones

Las personas con un espíritu crítico y juzgador no son movidas por las enseñanzas sabias o por las señales, maravillas o milagros. Si ellos están presentes cuando tales cosas sucedes, lo máximo que podemos esperar es que cesen el fuego; raramente, casi nunca, llegan a rendirse. Aún las revelaciones más profundas y las demostraciones más grandes de poder sobrenatural no impactarán a los corazones orgullosos y cínicos que se creen justos.

Repetidamente, Jesús se movía fenomenalmente en poder y autoridad de Reino, transformando dramáticamente las vidas rotas de las personas. De todas maneras, así como en el episodio de más arriba, los fariseos y sus secuaces mencionaban alguna cosa sobre algún tema insignificante e irrelevante, indicando claramente que sus ojos y corazones nunca estaban enfocados en lo que Dios estaba haciendo. Su plan de desacreditar a Jesús siempre tenía preeminencia sobre las expresiones de amor y de poder del Padre.

El comportamiento de los líderes religiosos de Israel hacia Jesús no es muy diferente que la resistencia que los movimientos de Dios encuentran hoy. La manifestación del poder y la gloria de Dios dentro de un ámbito donde el gobierno de Dios está establecido, a menudo atrae reproches similares o aun ataques.

A continuación hay ejemplos de tal oposición. Lamentablemente, nosotros los hemos experimentado a todos a lo largo de nuestro recorrido para conocer a Dios más íntimamente y manifestar Su Reino a través de nuestras vidas y trabajo. Los incluyo, no para compartir historias de guerra, ni para generar simpatía. Los presento como síntomas de una condición (espiritual) del corazón que debe ser diagnosticada y tratada en el cuerpo de Cristo:

- *Cuestionar la autenticidad de los milagros y manifestaciones del Espíritu.* Todavía no he conocido a un crítico cuyos primeros pensamientos o palabras cuando alguien comparte un testimonio emocional de una sanidad instantánea sean: "¡Me alegra muchísimo por ella!". En vez de eso, oímos decir: "Ya vamos a ver." Nosotros estamos de acuerdo que las sanidades deban ser verificadas por miembros de la comunidad médica; pero, ¿por qué no podemos alegrarnos con aquellos que se alegran hasta que llegue la verificación?
- *Acusaciones contra los líderes de los avivamientos.* Aun en un escenario donde un mover de Dios sea mal liderado, las acusaciones nunca van a mejorar las cosas. Si hay errores en la doctrina o en la práctica, o si al mover le falta un liderazgo sólido, necesitamos la intervención de Dios. La acusación no atrae a Dios a la situación. Él no se siente atraído a aquello que Él no hay engendrado.
- *Enfatizar cómo "esas cosas" no están alineadas con la doctrina establecida o con creencias existentes.* Me sorprenden esos individuos que hablan contra ministerios en internet o desde el púlpito, citando "enseñanzas y prácticas anti bíblicas". ¿En qué parte de la Biblia se nos manda a criticar públicamente a individuos y su trabajo, sin al menos tratar de hablar con ellos primero?
- *Reunir apoyo contra un movimiento a través de declaraciones negativas.* Nunca nos preocupamos con responder a acusaciones y rumores. Estamos completamente seguros que al pasar el tiempo, el fruto hablará por sí mismo. Algunos de mis momentos más gratificantes en el ministerio ocurren

al juntarme con líderes de la ciudad, miembros de la comunidad empresarial local o personas altamente educadas que dicen "tú y tu iglesia no son nada de lo que la gente me había dicho. Quiero asistir a alguna de sus reuniones".
- *Demostraciones de enojo e ira.* Una vez fui maltratado en una reunión de sanidad por una mujer que sintió que la música estaba demasiado fuerte. Obviamente, había un problema mayor de fondo.
- *Tramar y maniobrar para ponerle un fin a lo que está ocurriendo.* Esto es peligroso, para los agresores. No conozco un solo caso en toda la historia de la Iglesia en donde aquellos individuos que difamaron o apagaron un mover de Dios hayan terminado bien. A menos que se arrepientan, los perpetradores continuarán por un camino que no lleva a nada bueno.

La raíz de esas actitudes y comportamiento se resume en la ausencia de un amor genuino e incondicional. Dios es amor. Eso significa que Dios y el amor son lo mismo. Si queremos encontrar a Dios, buscamos al amor. En algún punto de su caminar espiritual, los críticos de los movimientos de Dios perdieron la ternura y el asombro que el amor de Dios provoca.

En una ocasión, Jesús confrontó a los líderes religiosos reprendiéndolos de la siguiente manera:

> *Así también ustedes, por fuera se presentan ante todos como hombres justos, pero por dentro están llenos de hipocresía y de maldad.* Mateo 23:28

Me parece muy interesante la referencia del Señor hacia ellos como "malvados". Éstos eran hombres de Dios, cuyo gobierno, teología y práctica estaban centrados principalmente en la Ley de Moisés. Ellos eran maestros y administradores de la Ley. Ellos ofrecían sacrificios, lideraban reuniones de oración y establecían numerosas tradiciones, incluyendo el uso de filacterias (estuches de cuero que contenían rollos de pergaminos con porciones de la Ley). La ley de Dios parecía ser muy importante para los líderes de Israel; aun así, ¡Jesús los llamó malvados hipócritas!

El Señor no estaba impresionado con oraciones repetitivas, túnicas lujosas, grandes títulos, largas enseñanzas y tradiciones hechas por los hombres. Obedecer la ley es una condición del corazón, no una expresión exterior; y Jesús sabía que los corazones de los líderes religiosos estaban en falta. A lo largo del tiempo, ellos habían cambiado una relación íntima y una pasión insaciable por la presencia de Dios, por una adhesión superficial a la Ley. Su amor por Dios no se hallaba ni se expresaba en una devoción con todo el corazón, sino a través de un cumplimiento militar de interminables listas de lo que se debía y no se debía hacer. En consecuencia, tanto a los líderes como a muchos de sus seguidores les faltaba el elemento más importante de un caminar con Dios, el amor:

> *Tanto aumentará la maldad que el amor de muchos se enfriará.* Mateo 24:12

El gobierno de Dios está establecido en un cimiento de Su amor, del cual sus principales características están claramente expuestas por el Apóstol Pablo en su primera carta a la iglesia de Corinto.

El amor:

- Es paciente
- Es bondadoso
- No es envidioso
- No es jactancioso
- No se envanece
- No hace nada impropio
- No es egoísta
- No se irrita
- No es rencoroso
- No se alegra de la injusticia
- Se une a la alegría de la verdad
- Todo lo sufre
- Todo lo cree
- Todo lo espera
- Todo lo soporta

Los cuatro evangelios muestran a los enemigos de Jesús funcionando con un estándar complemente opuesto. Todo lo que ellos hablaron o hicieron contra Jesús en el nombre de Dios ni si quiera se parecía a Dios. Ellos no conocían al amor, ellos no conocían a Dios, por lo tanto, tomaron una firme postura contra Jesús.

~~~

El Señor siempre respondió notablemente a toda la oposición que enfrentó. El también aprovechó las confrontaciones con la elite religiosa para el beneficio de Sus discípulos. Jesús enseñó valiosas lecciones partiendo de los episodios frecuentes de hostilidad farisaica hacia Él. Un día, mientras Él estaba ministrando a las masas (con grandes resultados, como siempre), los fariseos una vez estaban preocupados con encontrar alguna falla.

> *¿Por qué tus discípulos quebrantan la tradición de los ancianos? ¡No se lavan las manos cuando comen pan!*
> Mateo 15:2

Jesús respondió con su propia pregunta:

> *¿Por qué también ustedes quebrantan el mandamiento de Dios por causa de su tradición?* (v. 3)

Cristo confrontó a los fariseos por demandar obediencia respecto a las prácticas tales como lavarse las manos, mientras ellos mismos estaban viviendo con suciedad en su interior. Él citó la falta de honra hacia sus padres como una de las tantas maneras mediante las cuales *"por la tradición de ustedes, invalidan el mandamiento de Dios."* (v. 7)

Luego, con una frase (una cita de una profecía de Isaías) Jesús desmanteló completamente el comportamiento moralista de Sus críticos:

> *Este pueblo me honra con los labios, pero su corazón está lejos de mí.* (v. 8)

El siguiente movimiento de Jesús fue crucial para los testigos de ese debate y vital para Sus discípulos (y nosotros): Él *"convocó a la multitud"* y les enseñó por qué los fariseos estaban equivocados al mencionar el lavarse las manos.

> *Lo que contamina al hombre no es lo que entra por su boca. Por el contrario, lo que contamina al hombre es lo que sale de su boca.* (v. 11)

Sacudidas y Confrontaciones

Esencialmente, la comida tocada con manos sucias no corrompe a una persona, pero las palabras y acciones originadas de un corazón impuro sí lo hacen. El lavarse las manos y la adhesión a otras reglas similares nunca van a ser suficientes. Dios solo valida la limpieza en el interior.

¡Qué cierto es! Me pregunto cuántas iglesias están llenas semanalmente con hombres y mujeres bien vestidos, sonrientes, bien hablados, diezmadores, serviciales y que cumplen las reglas, pero que son rápidos para criticar o juzgar a líderes y hermanos de la congregación aun antes que sus autos salgan del estacionamiento al terminar la reunión.

Luego de la confrontación entre el Señor y Sus críticos, los discípulos se acercaron a Él, diciendo que Sus palabras habían ofendido a los fariseos.

Evidentemente, los fariseos le manifestaron su descontento a los discípulos, no a Jesús directamente. Tal es el comportamiento de las personas que no están alineadas con los caminos del gobierno de Dios. En vez de seguir los estándares bíblicos para la resolución de conflictos (Mateo 18:15-17, Santiago 5:20), y comunicarse directamente con el liderazgo, las personas descontentas a menudo tratan de llegar a los líderes por la "puerta trasera", acercándose a personas de confianza o aún a familiares. Cualquiera que opera de esta manera está en desacato. Si los líderes responden a través de los terceros a los que sus críticos involucraron, solo agrandarán el problema.

Debemos considerar cuidadosamente la respuesta del Señor a Sus discípulos:

Toda planta que mi Padre celestial no ha plantado, será arrancada de raíz. Déjenlos. Mateo 15:13-14

Choque de gobiernos

Jesús les mandó a sus discípulos que ignoren a los escribas y fariseos. No era su problema el lidiar con los críticos del mover de Dios. Era *Su* responsabilidad el confrontarlo, y la prerrogativa de Dios el ejecutar juicio. Jesús los expondría y, a no ser que se arrepintieran, Dios finalmente los arrancaría; pero los discípulos no tenían que involucrarse.

A veces, amigos nos preguntan cómo lidiamos con aquellos que hablar o actúan contra nosotros. Nuestra respuesta es simple: "No lo hacemos. No lidiamos con ellos". Nosotros los bendecimos, nos aseguramos que tenemos un corazón puro con todos y le entregamos el asunto al Señor. Nosotros somos *Suyos*, miembros de una Iglesia y soldados de un ejército, el cual le pertenece a Él. Jesús puede lidiar con nuestros enemigos como Él lo desee; preferiblemente, tocando sus corazones con Su amor radical, a través de encuentros divinos que no puedan ser disputados o ignorados sino tan solo deseados por el resto de sus días.

El Apóstol Pablo le da a su hijo espiritual, Timoteo, una advertencia preciosa:

> *Desecha las cuestiones necias e insensatas; tú sabes que generan contiendas. Y el siervo del Señor no debe ser contencioso, sino amable para con todos, apto para enseñar, sufrido; que corrija con mansedumbre a los que se oponen, por si acaso Dios les concede arrepentirse para que conozcan la verdad.* 2° Timoteo 2:23-25

Personalmente, las palabras de Pablo me han ayudado a los largo de varias temporadas de reproches y deshonor. Estos versículos me inspiraron a mantener un gran aprecio por la paz y el gozo en mi corazón, sin importar cualquier signo de menosprecio a mí alrededor. Siempre estoy consciente de la importancia de permanecer animado y ferviente en mi búsqueda de Dios, de seguir la nube que nos dirige a la Tierra Prometida.

Frente a tales pruebas, me retiro al lugar secreto y le entrego el asunto al Señor, quien conoce toda la verdad. Purifico mi corazón delante de Él y busco Su afirmación y dirección. Trato de permanecer en la presencia de Dios hasta que Él me permita bloquear todos los efectos adversos de los reproches; luego, continúo el camino, siguiendo la nube y en sintonía con el latido del corazón de Dios.

Siempre he encontrado esperanza y fuerzas en la siguiente porción de las Escrituras. Que también te bendiga a ti:

¡Sé Tú quien me reivindique! Salmo 17:2

~~~

El evangelio de Marcos indica que la resistencia de los fariseos contra Jesús comenzó inmediatamente luego que Él iniciara su ministerio público. Ellos consideraron que Su perdón de los pecados de un paralítico era blasfemia (Marcos 2:7) Luego, ellos cuestionaron a Sus discípulos acerca de la compañía que Jesús frecuentaba:

¿Cómo? ¿Éste come y bebe con cobradores de impuestos y con pecadores? Marcos 2:16

Luego, los fariseos culparon a Jesús por las acciones de algunos de Sus discípulos. ¿Por qué Sus discípulos no ayunaban como los discípulos de Juan y de los fariseos? (2:18), y ¿por qué estaban arrancando espigas de trigo de los campos en el día de reposo?

Choque de gobiernos

Cuando Jesús entró en la sinagoga, los fariseos *"lo vigilaban"* para ver si Él realizaría sanidades en el día de reposo, para *"así poder acusarlo."* (3:2)

Jesús los miró con enojo y tristeza *"al ver la dureza de sus corazones"*, aun así, prosiguió con Su plan. Él le ordenó al hombre con la mano atrofiada que la extendiera. ¡La mano quedó restaurada instantáneamente!

> *Tan pronto como los fariseos salieron, empezaron a conspirar con los herodianos para matar a Jesús.*
> Marcos 3:7

Inmediatamente después de esa sanidad en la sinagoga, se formó una alianza entre los líderes religiosos y políticos para eliminar a Jesús. Más tarde miraremos esa alianza con mayor detalle. Por ahora, tomamos nota de la respuesta de Jesús a esa primera ola de oposición y la trama posterior.

Él la ignoró. Jesús no fue afectado por el reproche de los fariseos ni limitado por su conspiración. Él *"se retiró al lago con sus discípulos, y mucha gente de Galilea y Judea lo siguió."* Mientras los gobernantes conspiraban, Jesús vertía Su vida en doce hombres, once de los cuales cambiarían al mundo. Aún más, *"mucha gente"* de numerosas regiones de Israel y alrededores se acercaron a Jesús, *"al enterarse de todo lo que hacía."* (Marcos 3:7-8)

Cuando nos enfrentamos al reproche y la persecución, haríamos bien en seguir el ejemplo de Jesús. En vez de gastar energías y recursos en tratar con la oposición, ¡asociémonos y compartamos nuestra vida con aquellos que realmente están con nosotros para impactar a las multitudes!

Sacudidas y Confrontaciones

Capítulo 5:

La Intrepidez Temida

La Intrepidez Temida

Enviaron a sus discípulos, junto con los herodianos, a decirle: "Maestro, sabemos que eres amante de la verdad, y que enseñas con verdad el camino de Dios; sabemos también que no permites que nadie influya en ti ni te dejas llevar por las apariencias humanas."
Mateo 22:16

Los líderes controladores y manipuladores gobiernan sobre las personas a través del miedo a los hombres: una fortaleza demoníaca erigida y potenciada por el miedo, el orgullo y la incredulidad.

Imagina al miedo a los hombres como una bestia de dos caras. En un lado de la cabeza hay una cara con una mirada intimidante; en el otro lado, una mirada de aprobación. La primera usa el miedo, la segunda usa la seducción. El objetivo final es causar que los hombres y las mujeres pongan su fe en una persona, en vez de ponerla en Dios. Tal como sucede con cualquier pecado, las debilidades de las personas las vuelven más vulnerables a los ataques. El rechazo, la inseguridad, el engreimiento y una necesidad excesiva de afirmación funcionan como botones de hotel para el miedo a los hombres: le abren la puerta y le entran todo su equipaje.

Los líderes religiosos y políticos de Israel usaban el miedo a los hombres para forzar sus proclamas y planes en la gente de Israel. Ellos usaban la intimidación para evocar miedo, y los halagos como carnada para hacer que las personas buscaran su aprobación.

Jesús estaba completamente desprovisto de miedo a los hombres. Ni la intimidación ni la seducción podían hacerlo salir de Su curso. El Señor modeló e impartió en sus discípulos la contramedida más efectiva contra el miedo al hombre: una confianza inconmovible en Dios.

> *El miedo a los hombres es una trampa, pero el que confía en el Señor es exaltado.* Proverbios 29:25

Aprenderemos más sobre Jesús y Su victoria sobre el miedo a los hombres más abajo. Ahora volveremos nuestra atención sobre otro vencedor de la "bestia". Su nombre era Nehemías.

Nehemías había sido comisionado por Dios para reconstruir la muralla alrededor de la ciudad de Jerusalén. La muralla había sido destruida durante la invasión de los caldeos años atrás. El objetivo de Nehemías era completar la tarea en cincuenta y dos días. Los recursos para la reconstrucción de la muralla fueron provistos por el rey persa, al cual Nehemías servía como copero.

Nehemías tenía sus órdenes. Él era un líder grande y visionario. Él inspiró a los judíos que habían sido asignados a él para unirse en darle al proyecto de reconstrucción su atención total. Ni bien Nehemías y su personal habían comenzado a reconstruir los muros, apareció la oposición.

Dos hombres, Sambalat el horonita y Tobías el amonita *"se enojaron mucho"* con Nehemías y su gente por haber sido enviados a preocuparse *"por el bien de los israelitas."* (Nehemías 2:10)

Al principio, los dos hombres se burlaron de la reconstrucción de la muralla y cuestionaron la autoridad de Nehemías.

La Intrepidez Temida

¿Qué es lo que hacen? ¿Acaso están rebelándose contra el rey? Nehemías 2:19

Nehemías no mordió el anzuelo. Él sabía quién era y de donde venía su autoridad: de Dios, a través del gobierno persa.

El Dios de los cielos es quien nos ayuda. Nosotros, sus siervos, hemos decidido reconstruir las murallas, y lo vamos a hacer. Nehemías 2:20

El trabajo continuó. También lo hizo la resistencia. Sambalat *"se puso furioso"*. Él y Tobías, otro cínico, se burlaron del proyecto y de los trabajadores, llamándolos *"pobres judíos"* y diciendo que su muralla ni siquiera sería lo suficientemente fuerte para resistir el peso de una zorra. (Nehemías 4:2-3)

Nehemías mantuvo su enfoque en la tarea. Él respondió al reproche dirigiendo su voz a Dios:

Dios nuestro, escucha cómo nos menosprecian, y haz que su menosprecio recaiga sobre ellos. Nehemías 4:4

Cuando Sambalat y Tobías se dieron cuenta que sus tácticas usuales de intimidación y burla no estaban funcionando contra Nehemías, ellos amenazaron con violencia:

Se pusieron de acuerdo para atacarnos y destruir la ciudad de Jerusalén. Nehemías 4:8

Nehemías defendió su posición y tarea brillantemente. Él expresó confianza en Dios para pelear cualquier batalla que pudiera surgir; pero él también equipó apropiadamente a sus colaboradores con armas y un buen plan.

Choque de gobiernos

La mitad del personal reconstruiría la muralla, la otra mitad estaría preparada para protegerse de un potencial ataque. Una trompeta sonaría para notificar a todos cuál parte de la muralla estaba siendo atacada, y todos se reunirían allí.

El trabajo continuó. El ataque nunca vino.

La siguiente ola de oposición de Sambalat y Tobías se centró en Nehemías mismo. Frenar al líder afectaría negativamente al proyecto tanto o más que un enfrentamiento militar sangriento y costoso. Los enemigos de Nehemías le pidieron que asistiera a una reunión *"en alguna de las aldeas del campo"*...

Pienso que aún muchas de las reuniones y comités saludables y progresivos a las cuales los líderes son invitados, pueden ser distracciones. Debemos buscar el consejo del Espíritu Santo continuamente, en lo que respecta a nuestra participación en varios emprendimientos, para evitar distracciones innecesarias de tiempo, energía y recursos.

Nehemías captó inmediatamente la estratagema. Él envió una respuesta diciendo que él estaba *"en medio de una gran obra"* y no tenía tiempo o deseos de juntarse. Sus enemigos persistieron, enviando mensajeros cuatro veces con el mismo pedid. Nehemías no cedió.

La próxima táctica fue la de "la gente está hablando de ti". Sambalat envió un mensajero a Nehemías *"con una carta abierta"*. La carta estaba dirigida a Nehemías. Decía que había un rumor en *"nuestras ciudades"* que Nehemías y los judíos estaban planeando rebelarse contra el rey (Nehemías 6:6).

Nehemías soltó su herramienta el tiempo necesario para escribir "Todas estas alegaciones son producto de tu propia imaginación"; luego, volvió al trabajo. Su discernimiento de la situación fue impecable.

> *Y es que nuestros enemigos querían amedrentarnos, y desanimarnos para que no termináramos las obras de restauración.* Nehemías 6:9

Los conspiradores estaban furiosos. Todos sus trucos habían fallado. Solo tenían una carta más bajo sus mangas, "la amenaza de muerte".

Uno de sus secuaces fue a Nehemías y se presentó como un amigo preocupado por su bienestar. Él le notificó a Nehemías de un ataque inminente contra su vida, y le rogó a él, el contratista general, que dejara la muralla y buscara refugio en la casa de Dios (donde supuestamente los atacantes nunca buscarían).

Ahí estaba, el mejor ataque de satanás contra los hijos de Dios: "Vas a morir. Todo aquello por lo que trabajaste va a ser para nada. Vas a quedarte sin nada."

Me he enfrentado a ese ataque muchas veces. La amenaza de muerte viene con mucha fuerza al principio, pero no tiene poder contra aquellos que han sido *"crucificados con Cristo"* (Gálatas 2:20). Los muertos nunca tienen miedo de morir. Una vez que hemos muerto a nosotros mismos y hemos sido consagrados a Dios, las amenazas de pérdida financiera y daño físico no nos pueden disuadir a dejar nuestra tarea. Ponemos nuestra confianza en el Señor para recibir protección, y continuamos buscando la voluntad y los propósitos de Dios.

Choque de gobiernos

Recomiendo la siguiente postura frente a la amenaza de muerte: Ve afuera y encuentra un buen montón de tierra o arena. Usa tu pie para dibujar una línea. Párate firmemente en un lado de la línea y di con voz fuerte: "No me voy a mover, sin importar el precio. Puedo llegar a perder todo, puedo llegar a ser herido, puedo ser asesinado. ¡No voy a ser ahuyentado de mi destino!

Propongo también que leamos la respuesta de Nehemías al consejo de huir y esconderse que le dieron sus enemigos. Sus últimas palabras hacia ellos han sido siempre una gran fuente de ánimo cada vez que me he enfrentado a la amenaza de muerte.

> *Los hombres como yo no corren a esconderse. ¡Y menos en el templo! ¡No por salvar mi vida voy a esconderme!* Nehemías 6:11

Nehemías y sus ayudantes persistieron. La reconstrucción de la muralla se completó en cincuenta y dos días. Ninguna de las amenazas se materializó. Sambalat y Tobías nunca hicieron un movimiento contra la vida de Nehemías o la muralla. Ellos estaban demasiado asustados.

Cada vez que al miedo a los hombres se le impide entrar, "rebota" de vuelta a su fuente. Luego, funciona en reversa: ¡los instigadores de miedo comienzan a temer a los intrépidos!

Los bravucones gobiernan en los "patios de recreo" a través de la intimidación, más que a través de la fuerza. Ellos conocen muy bien al miedo, porque vive dentro de ellos. Los bravucones son esclavos de su miedo. Hacen tratos con él:

atacan al débil para que el miedo no los atormente a *ellos*. Sambalat y Tobías (y en el caso de Jesús, los fariseos, escribas y ancianos) esgrimían el miedo para ejercer su voluntad sobre las personas y obtener control; principalmente, porque tenían miedo de perder el control.

Cuando hay individuos intrépidos que le hacen frente a los bravucones, el miedo no tiene dónde ir, excepto al lugar de donde vino: el corazón del bravucón.

~~~

Cuando el miedo a los hombres no puede obtener control a través de la intimidación, cambia de cara. Aparece la manipulación. El objetivo es seducir a las personas para que busquen la aprobación de los hombres. La intimidación frunce el ceño y opera a través de la fuerza, pero la manipulación sonríe y procede sutilmente. Considera algunos ejemplos:

- Halagos: El aprovechamiento de la necesidad de afirmación y reconocimiento. "¡Eres tan maravilloso y atractivo! Tu trabajo es excepcional. Todos piensan muy bien de ti."

- Regalos: Expresiones insinceras de honor y apreciación que conllevan ataduras de obligación. En esencia, sobornos disfrazados, que se aprovechan de la codicia o la necesidad.

- Invitaciones: El aprovechamiento del engreimiento y otras formas de orgullo. "Solo estamos invitando a algunas personas *especiales*. Nos encantaría que vinieras."

- Secretos: El aprovechamiento de la necesidad de inclusión y de privilegio. "Te voy a confiar algo muy confidencial. No se lo cuentes a nadie."

La aprobación de las personas viene con un precio: cuesta autoridad. Si sucumbimos a la manipulación, nos corremos de nuestra posición de autoridad de Reino dada por Dios. He observado a menudo esta dinámica operando en ministerios. Los líderes son los objetivos principales.

En una iglesia, una pareja desarrolló el hábito de llevarle sus contribuciones monetarias directamente al pastor, junto con regalos personales y palabras amables. La pareja no depositaba sus diezmos y ofrendas en los alfolíes al momento de la ofrenda; en vez de eso, se guardaban sus ofrendas hasta que hubieran juntado grandes cantidades. Luego, esperaban los momentos oportunos para llevárselas al pastor en persona.

"¿Podría por favor poner esto en la ofrenda por nosotros? Y estos regalos son para usted. Nosotros amamos su ministerio."

El pastor mordió el anzuelo. Él recibía las contribuciones junto con los regalos personales, permitiéndole así a la pareja establecer un precedente de circunvenir los protocolos de la iglesia. Al poco tiempo, la pareja ocupó un lugar de prominencia en la mente del líder. Aún se lo llegó a escuchar diciendo "Amo a los _____. Cada tanto vienen y me dan mucho dinero."

Un día, los hijos de la pareja se comportaron mal y causaron problemas durante un evento organizado por la iglesia. El pastor asociado responsable del evento confrontó a los niños y habló con sus padres. En vez de trabajar junto al pastor asociado para resolver el problema, la pareja llamó al pastor principal directamente. Usando su relación (inapropiada) con él para su ventaja, el esposo y la esposa lo persuadieron de apoyar a sus hijos.

La pareja había manipulado exitosamente al líder principal de la iglesia para que les otorgue privilegios especiales a expensas de un buen criterio y justicia. Finalmente, él había intercambiado su autoridad por la aprobación y el apoyo continuo de la pareja.

El miedo a los hombres, en tales situaciones, golpea de dos maneras. El problema persiste (porque nunca ha sido tratado apropiadamente) y los líderes tiene menos autoridad para enfrentarse a él (perdieron su autoridad al comprometer protocolos y estándares personales y de organización).

En el caso de un incendio, ningún líder trataría de apagarlo intercambiando cubetas de agua por cubetas de gasolina. Aun así, ¡intercambiar autoridad por un par de elogios o dólares es hacer exactamente eso!

~~~

Jesús nunca fue intimidado por los hombres, ni buscó alguna vez su aprobación. El miedo a los hombres no tenía ningún poder sobre Jesús, y los líderes religiosos y políticos de Israel lo sabían muy bien:

Maestro, sabemos que eres amante de la verdad, y que enseñas con verdad el camino de Dios; sabemos también que no permites que nadie influya en ti ni te dejas llevar por las apariencias humanas.
Mateo 22:16

Como Nehemías, Jesús tenía una asignación de parte de Dios y un lapso de tiempo para cumplirla. Sin importar los tiempos o las estaciones de Su vida, o lo que girara a Su alrededor (amigos o enemigos, alabanzas o acusaciones) el Señor mantuvo Su foco en el objetivo y puso Su confianza en Su Padre. La clave era mantener un sentido preciso de identidad a través de la relación.

Las palabras que Dios usó cuando llamó al profeta Jeremías a Su servicio ilustran este principio:

Antes de que yo te formara en el vientre, te conocí. Antes de que nacieras, te santifiqué y te presenté ante las naciones como mi profeta. Jeremías 1:5

Dios "conoció" a Jeremías antes que lo creara. En el idioma hebreo, la raíz para este uso en particular de "conocer" denota observación, reconocimiento y cuidado. Dios observó, reconoció y cuidó a Jeremías (Dios tenía una relación con él) mucho antes que él naciera. Dentro del contexto de su relación, Dios también predeterminó la asignación de Jeremías como "profeta para las naciones".

Antes que Dios nos creara a cada uno de nosotros y nos diera una parte en la administración de Su gracia y en el avance de Su Reino, teníamos una relación. Todo lo que somos y hacemos debe estar anclado en esa conexión eterna.

Jeremías respondió al llamado de Dios indicando su limitación:

¡Ay, Señor! ¡Ay, Señor! ¡Date cuenta de que no sé hablar! ¡No soy más que un muchachito! (v. 6)

Dios le dijo a Jeremías que dejara de ver a su edad como un impedimento para su destino. La gracia y el llamado de Dios en

La Intrepidez Temida

la vida de Jeremías, y en la nuestra, sustituyen todas las limitaciones humanas.

Jeremías fue comisionado a ir a todos los lugares donde Dios lo mandara, hablando todo lo que Dios le ordenara compartir. El versículo siguiente es crucial:

> *No temas delante de nadie, porque yo estoy contigo y te pondré a salvo. − Palabra del Señor.* (v. 8)

Dios le ordenó a Jeremías que no permitiese que el miedo a los hombres lo disuadiera de su tarea. El mandamiento vino con la garantía de la presencia y la protección de Dios.

Luego, Dios dio más detalles de la misión de Jeremías:

> *Date cuenta de que este día te he puesto sobre naciones y reinos, para que arranques y destruyas, para que arruines y derribes, para que construyas y plantes.* (v. 8)

El llamado de Jeremías no estaba confinado a hablar palaras de Dios, *a través* de la palabra de Dios él tendría autoridad sobre naciones y reinos. Él derribaría y construiría. Él arrancaría y plantaría. La palabra de Dios sobre nuestras vidas viene con la unción para transformar nuestro entorno.

Finalmente, la asignación de Jeremías era ejercitar dominio; aun así, mucho antes de haber recibido esta asignación, Jeremías tenía una relación con Dios. La relación siempre viene primero; luego, la asignación. El dominio fluye de la relación.

Dios le dijo a Jeremías que se prepare y se disponga. Luego, Él repitió su mandamiento acerca del miedo a los hombres:

Choque de gobiernos

No temas delante de ellos, pues de lo contrario, delante de ellos te quebrantaré. (v. 17)

En aquel día, Dios estableció a Jeremías como *"una ciudad fortificada... una columna de hierro... un muro de bronce"* contra toda la tierra. Él profeta prevalecería contra *"los reyes de Judá... contra sus príncipes y sacerdotes y contra el pueblo de la tierra"*. Ellos pelearían contra él, pero no prevalecerían.

Porque yo, el Señor, te aseguro que estoy contigo y te pondré a salvo. (v. 19)

Nuestro mandato de dominar la tierra parte de una relación que comenzó mucho antes que la tierra fuera formada. Cuando nos rendimos a Jesús y lo invitamos a nuestros corazones, experimentamos un verdadero avivamiento: la restauración de un lazo eterno con el Dios Viviente. Las disciplinas de oración, adoración, lectura de la Biblia y estar en comunión con otros creyentes, nos ayudan a crecer en la relación. De todas maneras, ellas no delinean los confines de nuestro caminar con Dios. Solo la eternidad revelará toda la amplitud de nuestra comunión con Dios antes, durante y después de nuestros años terrenales. Solo ahí entenderemos cuánto nos ama Dios, no como trabajadores o siervos, sino como hijos.

~~~

La primera línea de ataque de satanás contra Jesús, mientras el Señor ayunaba en el desierto, fue desafiar Su identidad.

Si eres Hijo de Dios, di que esta piedra se convierta en pan. Lucas 4:3

Tan solo días atrás, Jesús y muchos testigos oyeron una voz del cielo *"que decía 'Tú eres mi Hijo amado, en quien me complazco.'"* (Lucas 4:21) El asunto de la identidad había sido establecido en el corazón de Jesús. Él sabía quién era y cómo se sentía Su Padre hacia Él. Satanás no tenía chance.

La misma declaración es hecha repetidamente a nosotros a lo largo de la Biblia. Romanos dice *"El Espíritu mismo da testimonio a nuestro espíritu, de que somos hijos de Dios. Y si somos hijos, somos también herederos; herederos de Dios y coherederos con Cristo"* (Romanos 8:16-17) Pablo le escribió a la iglesia en Éfeso que Dios *"nos predestinó para que por medio de Jesucristo fuéramos adoptados como hijos suyos."* (Efesios 1:5). Pablo afirmó a los gálatas que *"todos ustedes son hijos de Dios por la fe en Cristo Jesús"* (Gálatas 3:26) Juan declaró que Dios le dio a quienes lo recibieron *"la potestad de ser hechos hijos de Dios."* (Juan 1:12)

Le pertenecemos a Dios. Él nos creó. Somos Sus hijos. ¡Él nos ama! Antes que nuestro Padre nos diera un cuerpo, mediante el cual funcionaríamos en la tierra como agentes de transformación, Dios nos dio un espíritu con la capacidad de tener comunión con Él.

Vencer el miedo a los hombres es la victoria interna más significativa que se requiere para operar puramente dentro del gobierno de Dios. Vencemos al conocer nuestra identidad en Dios y manteniendo una relación íntima con Él. La razón principal por la que Nehemías, Jeremías y el Señor Jesús no fueron intimidados o seducidos por las personas fue su postura firme en su identidad como hijos de Dios y Sus embajadores en la tierra.

Nosotros también podemos caminar de esa manera. ¡Debemos hacerlo!

Capítulo 6:

Incremento y Relevancia

Incremento y Relevancia

Cada semilla está inherentemente equipada con la capacidad de incremento. Una semilla puede traer un crecimiento notable, siempre y cuando se adapte apropiadamente a su ambiente.

En el libro de Apocalipsis, el Apóstol Juan declara que toda la gloria y el dominio en el cielo y en la tierra le pertenecen eternamente a Jesús, que *"nos amó; con su sangre nos lavó de nuestros pecados, y nos hizo reyes y sacerdotes para Dios, su Padre."* (Apocalipsis 1:5-6)

Considera el mismo versículo con énfasis agregado en la última conjunción: *"Él nos amó... nos lavó de nuestros pecados... y nos hizo reyes y sacerdotes"*. Jesús derramó Su sangre por nosotros, y Dios nos extendió gracia a nosotros, no solo para que podamos escapar del tormento del infierno, pero también para hacernos reyes y sacerdotes para Él. Cuando nacimos de nuevo, entramos al Reino de Dios como los reyes sobre los cuales Jesucristo es Rey.

Pedro percibió al pueblo de Dios como *"linaje escogido, real sacerdocio"* (1ª Pedro 2:9). En su carta a Timoteo, Pablo se refirió a Jesús como el *"solo Soberano, Rey de reyes, y Señor de señores"* (1ª Timoteo 6:15). Además, Apocalipsis 19:16 declara que el título *"Rey de reyes y Señor de señores"* está grabado para siempre en el muslo de Jesús. Claramente, el Señor nos ha comisionado y ha provisto para que nosotros manifestemos Su Reino en la tierra, como reyes y sacerdotes para Él.

La transformación de comunidades, regiones y naciones depende, en gran parte, de individuos que reconozcan que son los reyes y sacerdotes de Dios, y que operen como tales. En otras palabras, nuestra contribución en el discipulado y gobierno de las naciones depende en qué tan bien ejercitemos el poder y autoridad real y sacerdotal que Dios nos ha concedido.

Generalmente, a la Iglesia le ha ido mejor en desarrollar lo sacerdotal, que lo real. Muchas iglesias se enfocan en establecer sistemas para enseñar, discipular, evangelizar, hacer actos de benevolencia y aún para administrar los dones espirituales (sanidad, fe, milagros, profecías). Pocas iglesias equipan a las personas en usar sus recursos, dones espirituales y entrenamiento para servir (más allá de la iglesia) como cancilleres de Dios, como embajadores para una generación.

Un cuerpo local de creyentes o un movimiento que dedica la mayor parte de su energía y recursos en atraer y desarrollar "sacerdotes", no será atractivo para muchos "reyes"; por lo tanto, es muy probable que no maximice su potencial en recursos, creatividad, liderazgo, influencia y finalmente en impactar. Los líderes de la iglesia que desarrollan lo sacerdotal pero descuidan lo real en sus organizaciones, son como científicos con inventos brillantes, pero sin las conexiones y apoyo financiero necesarios para la producción, promoción y distribución.

Luego de la muerte de Jesús, José de Arimatea fue a Pilato para pedir el cuerpo de Jesús. Él ofreció enterrar al Señor en una tumba que él ya se había construido para sí mismo (una práctica común entre los adinerados de aquel entonces). Poncio Pilato accedió inmediatamente. El gobernador nunca les hubiera entregado el cuerpo muerto de Jesús a los discípulos de Cristo (lo sacerdotal). De hecho, él ordenó que se pusiera una piedra en la entrada a la tumba, y que hubiese guardias posicionados allí para mantener a los discípulos *lejos* de Jesús.

El cuerpo del Señor le fue entregado a José porque cuando él se acercó a Pilato, él operó de forma real. Este líder respetado y adinerado era tan seguidor de Jesús como los discípulos, pero él se mantuvo callado acerca de su fe (una discreción estratégica). En el momento apropiado, José demostró su devoción a Cristo y su compromiso con la Causa aprovechando su influencia real para obtener el cuerpo.

Cada movimiento y operación del Reino que busca producir agentes de trasformación en los días por venir debe mantener un balance apropiado en desarrollar tanto lo sacerdotal como lo real en sus integrantes.

Una aclaración: los términos "rey" y "sacerdote" no se refieren a posiciones de autoridad en sí; es decir, un gobernante de un reino o un líder espiritual en la iglesia. Lo real y lo sacerdotal son atributos internos (modos de operación) que Dios ha infundido en nosotros para ayudarnos a gobernar y servir a nuestra generación

~~~

La historia, y en particular la vida y el reinado de reyes y gobernantes, puede ser muy esclarecedora dado que está relacionada con el gobierno de Dios. La Biblia aclara que más allá de los escenarios políticos y sociológicos de los cuales surgen los gobernantes, es finalmente Dios el que le da poder y autoridad en la tierra a los reyes.

No hay autoridad que no venga de Dios. Las autoridades que hay han sido establecidas por Dios.
Romanos 13:1

Choque de gobiernos

A través de la historia, ciertos elementos del gobierno real parecen ser denominadores comunes en cada rey y reino, más allá del período en el tiempo, la región o los dones individuales. El libro de Proverbios presenta un número de características reales comunes:

- Los reyes reinan y decretan justicia a través de la sabiduría (8:15)
- Los reyes muestran favor hacia los sabios, e ira a los alborotadores (14:35)
- Los tronos de los reyes son establecidos mediante la rectitud (16:12)
- Los reyes se deleitan en los labios justos, y aman a aquellos que hablan lo que es correcto (16:13)
- La ira del rey es mortal, solo los sabios pueden apaciguarlos (16:14)
- El favor de un rey es como una nube derramando lluvia tardía (16:15)
- La ira de los reyes es como un león rugiente, su favor es como el rocío de la hierba (19:12)
- Quien provoque a un rey, peca contra su propia vida (20:2)
- La misericordia, la verdad y la bondad preservarán y mantendrán el trono de un rey (20:28)
- Los reyes se hacen amigos de aquellos que tienen corazones puros y gracia en sus labios (22:11)
- Aquellos que sean excelentes en su trabajo estarán ante reyes (22:29)
- Es la gloria de los reyes indagar asuntos que Dios oculta (25:2)
- El corazón de los reyes es insondable (25:3)
- Los tronos de los reyes son establecidos cuando los malvados son removidos de sus reinos (25:5)

- Las personas nunca deben exaltarse a sí mismas en la presencia de los reyes (25:6)
- Los reyes establecen la tierra mediante la justicia, no mediante la corrupción (29:4)
- Los tronos de los reyes que juzgan imparcialmente a los pobres, serán establecidos para siempre (29:14)
- Un rey marchando con sus tropas es una vista señorial y majestuosa (30:31)
- Los reyes no deben entregarse a las mujeres o la bebida, porque tales vicios pervertirán la justicia (31:3,4)

Si consolidamos la información de más arriba, podemos concluir que los reyes y gobernantes que sirven bien a su gente, tienen en común lo siguiente:

1. Ellos valoran altamente y buscan continuamente la sabiduría y el entendimiento.
2. Ellos están comprometidos a distribuir asistencia a los pobres y justicia a los oprimidos.
3. Ellos demandan y mantienen altos niveles de excelencia.
4. Ellos se exigen a sí mismos un nivel más alto de excelencia que el resto de las personas; por lo tanto, ellos se esfuerzan en gobernar con integridad.
5. Sus altos cargos demandan respeto y obediencia de sus súbditos. Su poder ejecutivo debe ser tomado en serio.

Los líderes reales también se esfuerzan en crecer y aumentar sus esferas de influencia y autoridad. Ellos le dan mucho valor al aumento, sabiendo muy bien que cuando el progreso y el desarrollo se detienen, vienen el estancamiento y la deterioración.

Choque de gobiernos

Un pueblo numeroso es la gloria del rey; un pueblo escaso es la debilidad del príncipe. Proverbios 14:28

Los gobernantes reconocen que su prominencia y posición depende, en gran parte, en sus seguidores. El componente más grande en cualquier reino es su población; el componente *más* significativo es un liderazgo que entiende la importancia de establecer un reino que les permite a los habitantes prosperar y multiplicarse, atrayendo a más personas al mismo tiempo.

Todas las ligas deportivas de los Estados Unidos emiten comerciales a lo largo del año en los cuales expresan su agradecimiento a los aficionados del deporte. Aún más, cada dueño, entrenador o capitán de un equipo en el campeonato que levanta un trofeo triunfalmente, reconoce que "¡no podríamos haber hecho esto sin nuestros admiradores!".

Los buenos líderes tienen buenos gobiernos y reinos que crecen; por lo tanto, las poblaciones, los ingresos y las oportunidades de progreso también aumentan. Para liderar bien, los líderes deben estructurar sus reinos con el entendimiento que el crecimiento y la expansión de sus operaciones son imperativos para la prosperidad y longevidad.

Los principios del progreso del reino no emergieron de monarquías, dinastías, imperios o conglomerados corporativos; se originan en el corazón de Dios. Isaías profetizó acerca del Niño que nos sería nacido: Jesús, del cual dijo *"tú aumentaste el regocijo, y acrecentaste la alegría"*. Como Jesús demostró a través de Su vida y legado, la multiplicación de una nación depende de un liderazgo sólido, una administración adecuada, una distribución justa y la aplicación de buenas leyes. Las naciones se multiplican cuando hay un gobierno adecuado en su lugar. Los teléfonos en las oficinas de inmigración de las naciones opresivas nunca "suenan como locos". Nadie quiere mudarse a donde hay un gobierno malo.

Isaías también declaró que no habría límites para *"la extensión de Su imperio y la paz"* (énfasis mío). Nuestro Dios es deliberado y apasionado por el progreso, el crecimiento, la multiplicación y el avance. Su Reino está basado en el buen gobierno de Cristo; por lo tanto, está equipado intrínsecamente con la capacidad de incrementar.

Jesús comparó una vez al Reino de Dios con una semilla de mostaza, que *"sin duda, ésta es la más pequeña de todas las semillas"*. Él dijo que un hombre tomo esa pequeña semilla y la sembró en su campo. Aunque pequeña y aparentemente insignificante al principio, cuando la semilla de mostaza crece, se vuelve *"la más grande de las plantas; se hace árbol"* (Mateo 13:31-32). Con el tiempo, el árbol produce ramas grandes y las aves del cielo pueden hacer nido bajo su sombra.

Dentro de la semilla de mostaza estaba el ADN para ser el árbol más grande del campo, el árbol que sería buscado por aves deambulantes para protección.

Así como la semilla, el Reino de Dios puede parecer limitado al principio según medidas humanas. El Bebé de María en el pesebre en Belén era tan indefenso y vulnerable como cualquier otro niño en la tierra; aun así, Él estaba destinado a ser el Hombre más grande que haya vivido. José y María tenían que proveer para todas Sus necesidades, pero por toda la eternidad, Él sería Aquel mediante el cual Dios *"suplirá todo lo que les falte, conforme a sus riquezas en gloria"* (Filipenses 4:19). El Bebé Jesús tuvo que ser llevado a las apuradas a Egipto para protegerlo de la espada asesina de Herodes; pero en unas pocas décadas, Él emergería como Rey de reyes. Toda rodilla se doblará ante Él y cada lengua confesará que Él es Señor. Y *"los reinos del mundo [serán] de nuestro Señor y de su Cristo; y Él reinará por los siglos de los siglos."* (Apocalipsis 11:15)

Los emprendimientos del Reino más notables comienzan de manera pequeña. Uno nunca puede determinar el potencial de una persona, una organización, un negocio o un ministerio aplicando estándares de medición humanos. Las cualidades internas, que finalmente impulsan a los individuos y las organizaciones a la notoriedad, tienen una similitud clave con los componentes que convierten a las semillas en árboles: se desarrollan en la oscuridad por un largo tiempo.

Las cualidades reales y sacerdotales de Jesús permanecieron "escondidas" por tres décadas. A los treinta años, Él fue hacia donde estaba Juan en el río Jordán y pidió ser bautizado. Los cielos se abrieron, el Espíritu descendió sobre Él como una paloma y el Padre declaró: *"Éste es mi Hijo amado, en quien me complazco"* (Mateo 3:7) Jesús pasó los siguientes cuarenta días en el desierto, donde Él venció todas las tentaciones de satanás. Luego, *"con el poder del Espíritu, Jesús volvió a Galilea; y su fama se difundió por todos los lugares vecinos"* (Lucas 4:14). El tiempo de esconderse se había terminado para Jesús. El mundo estaba a punto de ser testigo de las semillas del Reino dentro de Jesús explotando y convirtiéndose en árboles gigantes. ¡Era hora de crecer!

~~~

No conocemos ninguna instancia donde Jesús se haya involucrado en actividades promocionales o de recaudación de fondos. No hubo carteles, páginas web o envíos masivos de correos electrónicos. No hubo pedidos a las personas para que traigan a sus amigos a las reuniones. Sin embargo, Jesús siempre atrajo grandes multitudes. Al inicio de Su ministerio, el

Incremento y Relevancia

Señor aun trató de limitar Su reputación pidiéndoles específicamente a las personas que no hablen acerca de Él. Sus pedidos y directivas no fueron honrados. Me asombra que el mismo Jesús que, como ya vimos, atrajo rápidamente a un grupo de discípulos tan solo diciéndoles que dejen sus redes y lo sigan, no pudo lograr que las personas mantuvieran el secreto sobre Su paradero y actividades.

Con la excepción de unos pocos líderes que abiertamente se opusieron a Jesús, Su autoridad y estatura siempre llevó a la gente a someterse y obedecer. Solo en un par de ocasiones en los cuatro evangelios encontramos a alguien desobedeciendo Sus órdenes. Muchas personas pudieron haberlo rechazado, otros pudieron haberlo dejado cuando no lograron conectarse con la revelación que Él estaba compartiendo, pero no lo desobedecieron abiertamente.

Pero cuando Jesús *"le hizo una clara advertencia"* a un hombre que acababa de ser sanado de lepra, diciéndole que tenga *"cuidado de no decírselo a nadie"*, el hombre salió y *"dio a conocer ampliamente lo sucedido"*. Esta situación se repetía a menudo, de manera que Jesús no podía siquiera tener reuniones en las ciudades, *"sino que se quedaba afuera, en lugares apartados. Pero aun así, de todas partes la gente acudía a él."* (Marcos 1:43-45)

Durante nuestras reuniones de equipo, nunca hubo un momento donde hayamos discutido una estrategia para lograr que las personas dejen de venir a nuestras reuniones y conferencia. Ni siquiera una vez alguno de nosotros le dijo a alguien que haya sido sanado o liberado que mantuviera silencio sobre su milagro, así nadie más se entera. De hecho, con el permiso de las personas, difundimos tantos testimonios como sea posible. *Queremos* que las personas se vuelvan familiares con el trabajo de Dios entre nosotros. *Queremos* atraer una multitud, ¡deseamos el crecimiento!

Jesús y la Iglesia primitiva modelaron la manera más efectiva para que las iglesias y movimientos crezcan: continuamente buscando la presencia de Dios y luego manifestando Su sabiduría, gracia, poder y amor. El crecimiento consistente y sostenible está directamente relacionado con el aumento de la manifestación de la gloria de Dios.

Jesús no podía contener el crecimiento de Su ministerio, aun cuando Él expresamente les prohibía a las personas que hablaran de Él. Sin importar lo que se les pedía que dijeran o no dijeran, hicieran o no hicieran, las personas se sentían atraídas al Dios que estaba operando en y a través de Jesús.

Otro factor significativo en la popularidad de Jesús era la relevancia. Jesús, el Portador del gobierno de Jesús, continuamente crecía en estatura e influencia, porque el poder de Dios atraía a aquellos que necesitaban a Dios, y la sabiduría de Dios le permitía a Jesús ser relevante y atractivo para ellos.

Con la excepción de la élite gobernante incrédula (los fariseos, escribas, maestros y ancianos), Jesús tuvo una habilidad asombrosa de conectarse con personas de cualquier condición de vida. Aún más allá de Sus enseñanzas profundas y obras milagrosas, Jesús tocó vidas y atrajo respeto, admiración, devoción y apoyo de grupos muy diversos de personas.

Hombres y mujeres de todas las edades, niños, recaudadores de impuestos, dueños de pequeños negocios, los ricos y los pobres, líderes gubernamentales y militares de

Incremento y Relevancia

Roma, líderes religiosos judíos (aquellos pocos que lo buscaron, como Nicodemo), granjeros, marginados (leprosos y endemoniados, mendigos, prostitutas y "bebedores de vino"), pescadores, familiares, amigos cercanos, Sus discípulos, judíos, griegos, samaritanos, viajeros de Tiro y Sidón... Jesús se relacionó con todos por igual.

Jesús atraía a las personas, no solo como un rabí o un profeta, sino como un individuo integral y fascinante. Jesús, el Hombre, fue la señal y la maravilla más grande, mucho más que todos los milagros, sanidades y liberaciones que Él hizo.

Él le enseño de una manera en que las personas podían entender, usando metáforas, alegorías, parábolas e ilustraciones; todas tomadas de los trasfondos y entornos de sus oyentes.

Un sembrador salió a sembrar...

Dos hombres fueron al templo a orar, uno de ellos era fariseo, y el otro cobrador de impuestos...

El Reino es como... una perla, un campo, una semilla de mostaza...

Un hombre tenía dos hijos...

No echen sus perlas delante de los cerdos...

Ustedes son la sal, la luz, una ciudad asentada sobre un monte...

Había diez vírgenes; cinco prudentes y cinco insensatas...

El vino nuevo debe echarse en odres nuevos...

Un enemigo sembró cizaña en el campo de trigo de un hombre...

Choque de gobiernos

Cuídense de la levadura de los fariseos...

Desde el instante en que Jesús abría Su boca para hablar, Él los tenía cautivados. Los ojos estaban fijos en Él, los corazones de acuerdo, los espíritus siendo testigos de lo que Él estaba diciendo. Tenía sentido. Podían recordarlo. Podían aplicarlo. Por primera vez en mucho tiempo, las personas estaban entusiasmadas de recibir instrucción espiritual. "La iglesia" ya no era aburrida, y tampoco estaba confinada a un edificio. Podía estallar espontáneamente en la costa, en la puerta de alguien, en una colina, en la mesa. Jesús llegaba a las personas de una manera magistral y magnífica justo donde ellos estaban, con un mensaje y una forma de darlo que maximizaba Su efectividad.

Él los tenía cautivados, y no solo porque hacía milagros. ¡Él era relevante!

Ser relevante a través de las temporadas y los cambios es imperativo para un crecimiento y una expansión positiva y sostenida. Uno de los desafíos más grandes de la Iglesia en los días por venir es mantenerse actual y relevante. La retórica y métodos que fueron efectivos en anteriores movimientos de Dios pueden limitar nuestra influencia en el mundo de hoy. Las conversaciones sobre asuntos espirituales pueden ser completamente inapropiadas como forma de establecer una conexión en ciertos entornos y entre ciertos grupos de personas.

A través de los años, hemos sido bendecidos con relaciones estratégicas ordenadas por Dios con líderes prominentes de varios segmentos de la sociedad. Te aseguro, la mayoría de las conversaciones mediante las cuales esas relaciones han sido establecidas y continúan creciendo, no tienen demasiada (o ninguna) "charla cristiana". Es importante conectar con las personas donde ellos están, y no tratar de empujarlos a donde queremos que ellos estén. No necesitamos siempre "testificarles", "meter a escondidas" el mensaje del evangelio, o asegurarnos que ellos sepan "lo que creemos" sobre diferentes temas. De todas maneras, ser cristianos no nos hace expertos en todos los asuntos de moralidad, y tampoco demanda que expongamos constantemente nuestros valores a aquellos que no los comparten. Los seguidores de Cristo maduros, que están seguros en su identidad y fe, son libres para conectarse con no creyentes dentro de cualquier contexto. Y puedo asegurarte algo, ¡ellos son los más efectivos para alcanzar personas para Jesús!

Cada vez que mi esposa y yo somos invitados a eventos sociales donde conocemos a nuevas personas, parece haber un patrón en el cual nuestras interacciones progresan. Generalmente, nos presentamos o somos presentados por nuestros anfitriones a individuos, parejas o grupos pequeños. Mientras nos mezclamos y disfrutamos de las entradas y bocadillos (mis momentos favoritos), hablamos de cosas superficiales y sencillas.

Durante esos primeros momentos de la interacción, Danielle y yo tratamos de encontrar la mayor cantidad posible de áreas no relacionadas con el ministerio para conectarnos con aquellos que acabamos de conocer. Ambos hemos leído mucho. Obtuvimos diplomas en las áreas seculares de historia y psicología. Aún más, nos mantenemos al día con los desarrollos en los negocios, finanzas, tecnología, tendencias sociales, deportes, noticias internacionales, asuntos del medioambiente, etc. Somos muy deliberados en crecer en nuestro aprendizaje, así podemos hablar con inteligencia acerca de tantos temas como sea posible.

Invariablemente, llega un momento en esas reuniones, donde los que están con nosotros preguntan: "¿ustedes a qué se dedican?" Casi todas las personas que hacen esa pregunta expresan sorpresa cuando decimos que somos pastores de una iglesia.

Las conexiones que hacemos con las personas a través de lo que decimos sobre temas que les interesan, abren una puerta para una conversación más profunda. Lo que sigue usualmente es un bombardeo de preguntas relacionadas con nuestras creencias, lo que nos da la oportunidad de compartir principios del Reino y el amor de Dios. Cuando llega el momento de terminar, aún tenemos la oportunidad de ministrarlos personalmente.

La clave es establecer credibilidad siendo genuinos y relevantes, y eso surge de tener el sentido correcto de identidad. No nos vemos a nosotros mismos como ministros, sino como "hijos", en una relación con nuestro Padre y Rey desde antes que los cimientos de la tierra fueran establecidos. Él nos eligió y nos comisionó para vivir en esta época y servir a nuestra generación.

Con la identidad correcta y un entendimiento adecuado de nuestra tarea, *"en Él vivimos, y nos movemos, y somos"*. No nos intimidan las personas, ni estamos deseosos de la aprobación de las personas. Caminamos con confianza, pero también con humildad. Revelamos Su sabiduría y amor. Hacemos que Dios sea interesante y deseable para aquellos que Él cruza en nuestro camino, conectándonos con ellos justo en donde los encontramos.

Capítulo 7:

Control de Multitudes

Control de Multitudes

> *Pero los principales sacerdotes y los ancianos persuadieron a la multitud de que pidieran a Barrabás, y que mataran a Jesús.*
> **Mateo 27:20**

Afuera de la ciudad de Jerusalén, una *"multitud, que era muy numerosa"* recibió a Jesús, exclamando *"¡Hosanna al Hijo de David!"*. Ante Su llegada, *"todos en la ciudad se conmocionaron"*, y la gente preguntaba quién era Él. La multitud se refería a Él como *"Jesús, el profeta de Nazaret de Galilea."* (Mateo 21:8-11).

Luego de un par de días, probablemente esas mismas personas de Jerusalén levantaron sus puños y gritaron intensamente: *"¡Que lo crucifiquen!"* (Mateo 27:22). La multitud que había aclamado a Jesús como un profeta y aun como el Mesías (por su referencia hacia él como Hijo de David), rápidamente se convirtió en la turba que demandó Su ejecución entre ladrones.

¿Qué precipitó semejante cambio radical de posición en las personas de Jerusalén? ¿Qué dinámica podría haber causado que tan grande contingente de la población de la ciudad capital buscara la liberación de un asesino condenado, Barrabas, en vez de Jesús, que solo había hecho lo bueno con todos los que lo conocieron?

¡El control de multitudes!

~~~

Cada multitud está conformada por tres grupos principales de personas: espectadores, admiradores y seguidores. Los espectadores se unen a la multitud para verificar un evento y/o al individuo o individuos hablando, ministrando, etc. Su motivación principal es la curiosidad o el interés, que surge de lo que pueden haber escuchado acerca del evento, o del frenesí de actividad y emoción que lo rodea. Una multitud siempre atrae a una multitud, muchos espectadores simplemente siguen a la multitud, buscando y preguntando por qué hay alboroto. Los espectadores a menudo no tienen compromiso o conexión con el orador o persona que está a cargo del evento.

Yo disfruto ser un espectador de espectáculos callejeros espontáneos en grandes ciudades, como Boston y New York. Suelo gravitar a la multitud reunida, meterme entre las personas para conseguir una buena posición ventajosa y mirar. Si me gusta el espectáculo, me comprometo con una pequeña cantidad de dinero o algo de cambio y lo pongo en el sombrero; si no, me alejo y me olvido pronto del asunto.

Los admiradores están informados y, muy probablemente, tengan experiencia con el evento y la persona o personas en el escenario. Tarde o temprano, los admiradores también se comprometen con tiempo y recursos para asistir a tales eventos. Por ejemplo, los admiradores de la música clásica compran boletos, hacen planes y realizan la logística necesaria para asistir a los espectáculos sinfónicos. Ellos se suman a multitudes de otros admiradores, así como también espectadores y seguidores; y con cada experiencia, obtienen un mayor entendimiento y apreciación por los distintos aspectos de la música sinfónica. Los admiradores pueden ser antiguos espectadores o entusiastas instantáneos; de cualquier manera, ellos se vuelven admiradores porque quien sea o lo que sea que los atrae a los eventos es algo disfrutable, entretenido y/o inspirador.

Control de Multitudes

Los seguidores son admiradores que demuestran un mayor nivel de compromiso y devoción. Recientemente conocí a un hombre que me contó su experiencia asistiendo al último Campeonato del Súper Tazón[2], en el que su equipo favorito jugó (y perdió). Él había tenido que volar a la ciudad donde se realizaba (dos cambios de avión), rentar un automóvil, quedarse en un hotel, cenar afuera y pagar por el estacionamiento; y ni siquiera había entrado al estadio aún. El costo de la entrada era más de dos mil dólares, ¡por asientos comunes! Más allá de la desilusión por la pérdida de su equipo, el evento le costó al hombre miles de dólares y mucho tiempo sin trabajar. Al terminar su relato, él sonrió y dijo: "Lo haría de nuevo con gusto". Claramente, este hombre no es un espectador o un admirador, sino un seguidor.

El equipo, la banda, el orador, el músico o el ministro que los seguidores siguen, influencia su comportamiento; aun su filosofía o manera de ver al mundo. No es inusual ver seguidores de ciertas bandas o franquicias de películas imitando el comportamiento y vistiéndose como sus músicos favoritos, cantantes o personajes de películas. Por su apertura y conexión con sus "estrellas", los seguidores reciben un grado de impartición de ellos.

En cualquier ocasión, Jesús les hablaba y ministraba a multitudes de espectadores, admiradores y seguidores. La unción y el carisma del Señor, así como también Su habilidad para relacionarse con las personas, convertían a los espectadores en seguidores, casi inmediatamente. Sin dudas, muchas personas eran admiradores, pero en su mayoría, las multitudes de Jesús estaban compuestas de "pre-seguidores" y

---

[2] N. del T. "*Super Bowl Championship*" en inglés.

seguidores. Era una cuestión de minutos u horas antes que los espectadores abrieran sus corazones a Jesús y eligieran seguirlo hacia el Reino que Él estaba proclamando. Aquellos que seguían a Jesús, pronto se daban cuenta que eran ciudadanos del Reino de Dios, agentes de transformación en la tierra y eventualmente parte de una *"gran nube de testigos"*.

Los seguidores de Cristo no son solo miembros altamente comprometidos de una multitud, ellos son adoradores. La influencia de Jesús en sus vidas evoca adoración de todo corazón al Dios Vivo: Padre, Hijo y Espíritu Santo. Los seguidores de Cristo pueden conectarse con Jesús a través de la adoración, aun cuando están en un lugar que es completamente nuevo para ellos. Siempre me he sentido muy cómodo en numerosas iglesias en todo el mundo. Los idiomas y los ambientes era distintos de lo aquello que me era familiar; de todas maneras, mi devoción al Señor, y especialmente Su presencia, me unía inmediatamente con mis hermanos y hermanas en adoración.

Los líderes religiosos en los tiempos de Jesús no podían atraer ese tipo de seguidores, y ciertamente no inspiraban a las personas a adorar a Dios en espíritu y verdad. Sus multitudes no estaban compuestas de espectadores, admiradores o seguidores; en vez de eso, eran personas que iban a reuniones por hábito u obligación, personas que había sido relegadas a ser "súbditos" de un gobierno opresivo, a través de la manipulación y el control, medidas antidisturbios para controlar multitudes.

El problema para los fariseos, sacerdotes y sus cohortes era que sus súbditos se estaban convirtiendo cada vez más en espectadores, admiradores, seguidores y finalmente adoradores de Jesús. Las palabras y métodos revolucionarios y transformadores de vidas que tenía Jesús iluminaban a los oprimidos. Los principios que gobernaban al Reino de Dios eran atractivos para ellos. Lo que es más importante, Sus enseñanzas estaban acompañas y eran validadas por demostraciones de autoridad y poder fenomenales. Milagros sorprendentes afirmaban lo que Jesús estaba declarando.

Los líderes que se oponían a Jesús no solo se ofendían con Sus enseñanzas, ellos se enfurecían con Sus seguidores que aumentaban cada vez más. Ellos sabían que era tan solo una cuestión de tiempo hasta que perdieran su poder. Era tiempo de fortalecer el control sobre Israel, y de tener a las multitudes bajo su control, literalmente.

Alejar a las multitudes de Jesús no era una tarea fácil. Los sacerdotes eran bien conscientes de Su buena imagen y su receptividad extendida en las masas. Cualquier movimiento impulsivo de su parte podía causar un desastre. La dinámica está bien ilustrada en un incidente en el que los fariseos trataron de enredar a Jesús con preguntas ante la multitud a la que Él le estaba enseñando. Jesús respondió bien las preguntas tramposas, y luego contó parábolas para exponer los motivos de sus enemigos. Los jefes de los sacerdotes *"entendieron que hablaba de ellos"*.

> *Entonces quisieron aprehender a Jesús, pero tuvieron miedo, porque la gente lo consideraba un profeta.*
> Mateo 21:45-46

Tarde o temprano, intentar controlar a la multitud hace que uno sea controlado *por* la multitud. El uso de la manipulación de los líderes judíos se volvió contra ellos. En una sociedad dominada por el miedo, el miedo funciona en ambos lados. Aquellos que se asocian al miedo y lo usan para imponer su voluntad, terminarán ellos mismos eventualmente bajó la cruel mano del miedo. Es como trabajar para la Mafia: una vez que te unes, no puedes salirte jamás sin recibir golpes. Una vez aprendí de un profesor que comparó el uso de la intimidación con el propósito de controlar a montar un tigre. Su remate: "Eventualmente tienes que bajarte de la bestia, ¿y cómo lo haces sin ser devorado?"

~~~

Como veremos más detalladamente a continuación, las multitudes tienen una capacidad increíble de establecer, influenciar y cambiar ambientes. Los políticos lo saben muy bien. Si ellos pueden mover a una multitud en una cierta dirección, ellos pueden mantener o cambiar el statu quo. Una elección, una reelección, la aprobación de leyes, las reformas fiscales y la introducción de nuevas retóricas a menudo dependen de la habilidad de los líderes de impactar y movilizar a las multitudes.

El gobierno del hombre depende, en gran parte, en atraer y manipular a las multitudes; así como también mantenerlas interesadas, motivadas y satisfechas. La multitud les da influencia a los líderes, pero luego ejerce influencia sobre ellos.

El gobierno de Dios opera diferente. Dios no trabaja *para* la multitud, sino *por* la multitud. Él no trata de ganar apoyo haciendo lo que ellos quieren; Dios hace lo que *Él* quiere, lo cual es siempre lo mejor para nosotros. Todas las directivas, leyes y órdenes de Dios son finalmente para nuestro beneficio. Aquellos que reconocen el amor y cuidado de Dios, se rinden gustosamente a Él y se unen a "Su multitud".

Jesús, como "Jefe Ejecutivo" del gobierno de Dios en la tierra, no actuó de acuerdo con las expectativas o deseo de las

Control de Multitudes

multitudes, sino solo por la voluntad de Su Padre, la cual era salvar, sanar, restaurar y dar poder a los individuos.

Jesús solo hizo lo que Su Padre estaba haciendo, y hablo lo que Su Padre estaba hablando; y debido a que todas las acciones y palabras de Dios estaban designadas para beneficiar a las personas, las multitudes eran atraídas a Jesús. El Señor nunca trató de un reunir a una multitud, Él simplemente predicó el evangelio del Reino y reveló el corazón del Padre. De esa manera, multitudes de personas iban a Él y crecían en número, ¡de una manera exponencial!

Hay una gran diferencia entre necesitar a la multitud y liderar a la multitud. Jesús nunca necesitó a la multitud. La manera en que Él lideraba atraía seguidores de todo tipo. Algunos lo seguían a todas partes y proveían de sus propios recursos para lo que Él necesitaba. Doce se convirtieron en Sus discípulos y vivieron con Él. Setenta y dos más formaban un círculo más amplio de colaboradores. La elite religiosa no atraía a ningún seguidor; por lo tanto, ellos *necesitaban* a la multitud para poder llevar a cabo sus planes.

Nuestras tareas del Reino requieren enfoque y compromiso con la voluntad y el plan de Dios. Tal como en el caso de Jesús, es más difícil mantenerse en el plan durante los momentos o temporadas de éxito.

Los logros son a menudo acompañados de ruido, el ruido de elogios, felicitaciones, celebraciones. La familia, los amigos y pequeñas o grandes multitudes nos animan:

"¡Vuélvete un profesional!" "¡Consigue otro título!" "¡Acepta la propuesta" "¡Firma con ese sello discográfico!"

"¡Acepta el trabajo!" "¡Comienza tu ministerio!" "¡Compra un bote!" "¡Construye graneros más grandes!"

En ese amiente es tentador desviarse de los propósitos de Dios (aun cuando nuestro éxito es parte de Su plan maestro para nuestras vidas) y ceder a lo que nos dice la multitud. La tentación de Jesús en el desierto fue intensa, pero muy breve. La presión de Sus seguidores para coronarlo rey y que el cumpliera con sus expectativas era constante. El rugido de aprobación de las multitudes favorables es a menudo más amenazador que la soledad de nuestras experiencias en el desierto.

> *Al llegar el día, Jesús salió y se fue a un lugar apartado. La gente lo buscaba, y cuando lo encontraron intentaron retenerlo para que no se alejara de ellos; pero él les dijo: "También es necesario que yo anuncie en otras ciudades las buenas noticias del reino de Dios, porque para esto he sido enviado."* Lucas 4:42-43

El desierto o en la cima de la montaña, entre amigos o enemigos, el Señor fijaba firmemente su rostro hacia a su destino. ¡Nosotros estamos llamados a lo mismo!

~~~

Las multitudes favorecían a Jesús, y Su última visita a Jerusalén agravó el problema. Las personas venían de a montones para encontrarlo en las afueras de la ciudad. Ellos ponían hojas de palmeras y prendas en el suelo. Ellos lo llamaban Hijo de David. Aun así, los líderes de Israel fueron cuidadosos en no hacer ningún movimiento contra Jesús prematuramente, no sea que las multitudes se volvieran contra ellos. Aun cuando el Señor confrontó abiertamente a los fariseos y sus colegas, ellos eligieron alejarse. Todavía no podían tocar a Jesús, porque las multitudes estaban a su favor.

Aun cuando se acercaba el final de la vida de Jesús (cuando la conspiración para *"para aprehender con engaños a Jesús, y matarlo"* estaba en plena marcha), los enemigos de Cristo fueron muy calculadores respecto al momento y lugar de Su arresto, *"para que no se alborote el pueblo"* (Mateo 26:4-5)

Cualquier disturbio cívico podría haber resultado en la involucración del ejército romano para mantener la paz. En consecuencia, los conspiradores perderían credibilidad con el gobernador, cuyo inminente rol en la conspiración era esencial. Ellos no agitaron las aguas hasta que el momento fue propicio, hasta que pudieron usar para su ventaja sus posiciones y recursos para influenciar a las multitudes, y finalmente al gobierno romano, a su favor. Cuando llegó el momento, los enemigos de Cristo usaron su comprensión de dinámicas fundamentales de las multitudes para cambiar el rumbo de la situación.

Fundamentalmente, una multitud es un número de personas reunidas juntas, debido a intereses, objetivos o causas comunes.

Las multitudes pueden ser grandes o pequeñas, y pueden estar constituidas por individuos de trasfondos étnicos, raciales, culturales y socioeconómicos muy diversos. Aun así, una vez que hombres y mujeres se unen a una multitud que representa sus intereses, objetivos o causa, pierden su racionalidad e iniciativa. Piensan como la multitud piensa, hablan como la multitud habla, actúan como la multitud actúa. Las multitudes logran un impulso (para bien o para mal) cuando las voces individuales en la multitud se unifican y sincronizan para buscar las mismas cosas, por la misma causa, en el mismo momento.

El ruido de la multitud acalla cualquier voz individual que habla contrario a aquello sobre lo que la multitud está de acuerdo; por esa razón, decir cualquier cosa que puede ser una distracción de la mentalidad general de la multitud es algo impensable. Cuando uno está en una multitud, la regla es "ir con la corriente".

Un líder fuerte, carismático y bien hablado, o una pequeña minoridad de líderes, pueden dirigir una multitud. El libro de Hechos abunda en ejemplos. Cuando Pablo y Bernabé ministraron en Antioquía, la palabra de Dios se desparramó de la sinagoga donde ellos predicaron primero, *"por toda aquella provincia."* (Hechos 13:49) Su mensaje le resultó atractivo a los gentiles, que *"se alegraron y glorificaron la palabra del Señor".*

Pero cuando los judíos vieron tanta gente, se llenaron de celos. Hechos 13:45

En consecuencia, un pequeño grupo de judíos *"instigaron a las mujeres piadosas y distinguidas, y a los principales de la ciudad, para que iniciaran una persecución en contra de Pablo y Bernabé; así que los expulsaron de su territorio."* (Hechos 3:50)

En otro incidente en Filipos, Pablo y Silas fueron considerados problemáticos luego que Pablo echara fuera un espíritu de adivinación de una muchacha esclava. Cuando su oficio de adivinación se acabó y *"al ver sus amos que iban a perder sus ganancias",* ellos aprehendieron a los apóstoles y los arrastraron ante las autoridades.

El pequeño número de magistrados declararon a Pablo y Silas culpables por andar *"alborotando [la] ciudad".*

Control de Multitudes

La gente se agolpó contra ellos. Hechos 16:19, 20, 22

Bajo ciertas circunstancias, un individuo o un pequeño grupo pueden también cambiar la opinión, posición y dirección de una multitud, de forma rápida. La reina malvada Jezabel (esposa de Ajab, rey de Israel) usó su posición de autoridad para plantar dos sinvergüenzas que acusaran falsamente a un hombre justo, Nabot. Su objetivo era eliminar a Nabot y darle su viña a su esposo, que quería ese terreno. Con el apoyo de Jezabel, los dos falsos testigos mintieron acerca de Nabot y pusieron a toda la ciudad en su contra.

Dicho esto, lo llevaron fuera de la ciudad, y allí lo apedrearon hasta matarlo. 1° Reyes 21:13

Las multitudes son fácilmente movidas cuando líderes poderosos e influyentes plantan semillas de acusación, duda o sospecha. Esas fueron las semillas sembradas por los enemigos de Jesús para convertir a una multitud grande y estable de seguidores de Cristo en una turba volátil que demandó Su ejecución.

Las multitudes se convierten en turbas cuando son conmocionadas emocionalmente. Las emociones están a flor de piel cuando las multitudes son inspiradas por oradores buenos, motivadas por grandes causas, y especialmente cuando las multitudes se enfrentan a condiciones de peligro. Los líderes religiosos nunca habían podido mover a las multitudes mediante señales, maravillas, milagros o enseñanzas inspiradas (los dones espirituales y la revelación habían desaparecido hacía rato). Las únicas emociones disponibles para motivar a la multitud para sus propósitos eran el miedo y el enojo, producto de las amenazas y coerción de parte de la elite judía.

En el siguiente capítulo, examinaremos en más detalle las tácticas mediante las cuales los enemigos de Jesús usaron miedo y enojo para controlar a la multitud: el último y más importante elemento de su múltiple conspiración de tres años.

Capítulo 8:

Se Desarrolla la Trama

Se Desarrolla la Trama

Entonces los principales sacerdotes, los escribas, y los ancianos del pueblo se reunieron en el patio de Caifás, el sumo sacerdote, y se confabularon para aprehender con engaños a Jesús, y matarlo.

Mateo 26:3-4

La fase final de la conspiración para destruir a Jesús fue compleja y multifacética. El miserable objetivo de los conspiradores solo podía ser logrado si los siguientes componentes se alineaban perfectamente:

1) Las maniobras políticas necesarias para asegurarse una fuerza militar romana para el arresto de Jesús.
2) Una multitud de judíos a los que le habían lavado el cerebro u obligado a acompañar a los soldados romanos; de esa manera, se aseguraban de tener fuerza en números en el posible evento de una confrontación con los discípulos de Jesús.
3) Asegurarse que Jesús fuera encontrado rápidamente una vez que el grupo de arresto fuera reunido.
4) La ausencia de una gran multitud de seguidores de Jesús durante el arresto, para evitar disturbios innecesarios y la pérdida del apoyo del gobierno romano.
5) Encontrar a individuos que testificaran falsamente contra Jesús.
6) Un juicio y veredicto rápidos para evitar que la noticia del arresto de Jesús llegara a oídos de quienes apoyaban a Jesús.

7) Poner en contra de Jesús a las multitudes de habitantes de Jerusalén y visitantes durante la Pascua.
8) Convencer a Poncio Pilato de ordenar la ejecución de Jesús.

Encontrar el lugar de residencia de Jesús era una prioridad. Los conspiradores necesitaban a alguien con conocimiento interno de Su paradero. De alguna manera, se corrió la voz que los sacerdotes estaban buscando a un informante. No pasó mucho tiempo hasta que el pez mordió el anzuelo.

Desde el comienzo, no solo de la vida de Jesús sino de toda la humanidad, satanás operó a través de cualquiera que lo hospedara para generar oposición, resistencia, interferencia y, finalmente, destrucción, no solo del Ungido, sino de todas las personas cuyas vidas estaban comprometidas con Dios.

Como misiles infrarrojos, las fuerzas demoníacas se centraron en los lugares secos de los corazones de los hombres, tales como el hambre por el poder y la codicia de los líderes judíos, las ambiciones políticas de Herodes y Poncio Pilato, el deseo de gloria y fama de las personas, el miedo a los hombres. En esencia, cada actitud y motivo que *"se levanta contra el conocimiento de Dios"* (2° Corintios 10:5).

Los individuos cuya moral y cuya ética están corrompidas tienden a pensar y actuar de forma similar. Es solo una cuestión de tiempo antes que las fallas en su carácter los lleven conectarse y colaborar con otros como ellos.

Las mismas fuerzas satánicas operando en los líderes determinados a matar al Hijo de Dios, operaban dentro de uno de Sus confidentes más cercanos, Judas Iscariote.

Se Desarrolla la Trama

El motivo de Judas hizo que el asunto de contratar a un traidor fuera simple. Él quería dinero y el privilegio de que se le conceda *"una compañía de soldados, y algunos alguaciles... con linternas, antorchas y armas"* (Juan 18:3). La codicia y el engreimiento, enraizados en el orgullo, están entre las debilidades más prevalentes y más fáciles de explotar de toda la historia.

Judas pidió su recompensa y los jefes de los sacerdotes *"le asignaron treinta piezas de plata"*. Desde ese momento, Judas *"buscaba el mejor momento de entregar a Jesús"*. (Mateo 26:14-16)

Traicionar a Jesús y entregarlo a Sus acusadores involucró a otra cualidad despreciable que Judas compartía con las autoridades religiosas: la hipocresía.

Judas guiaría a "la multitud con espadas y palos" al lugar donde Jesús estaba. Luego, él se acercaría, saludaría y besaría a Jesús; y así, indicaría al grupo de arresto quién era el sospechoso. De esa manera, mientras estaba contratado por los enemigos de Jesús, Judas expresaría una amistad íntima hacia Él. Era el mismo modo de hipocresía mediante el cual actuaban los fariseos, escribas sacerdotes y ancianos. Mientras posaban como piadosos defensores de la fe ante el pueblo, en secreto planeaban y conspiraban para matar al Hijo de Dios. Como Judas, ellos actuaron como amigos cercanos de Dios, mientras estaban asociados con el enemigo.

~~~

En el medio de la noche, mientras Jerusalén dormía, el destacamento de soldados romanos y acompañantes judíos llevaron a Jesús del jardín de Getsemaní hasta Caifás, el sumo sacerdote, donde también los escribas y ancianos se habían reunido.

Lo próximo en la lista era encontrar suficiente evidencia para condenar a Jesús de un crimen castigable con la muerte. Era mucho pedir.

> *Los principales sacerdotes y todo el tribunal buscaban alguna prueba contra Jesús, para poder condenarlo a muerte, pero no la encontraban.* Marcos 14:55

Los testigos falsos se amontonaban para testificar, *"pero ni aun así se ponían de acuerdo en sus testimonios"* (v. 56). Exasperado, el sumo sacerdote cuestionó a Jesús directamente, esperando hacerlo confesar de alguna maldad. Primero, el Señor permaneció en silencio, pero cuando se le preguntó si Él era *"el Cristo, el hijo del Bendito"*, Jesús rompió el empate:

> *Yo soy. Y ustedes verán al Hijo del Hombre sentado a la derecha del Poderoso, y venir en las nubes del cielo.*
> Marcos 14:62

Los conspiradores se alegraron, pensando que Jesús había caído justo en su trampa:

> *"¿Qué necesidad tenemos de más testigos? ¡Ustedes han oído la blasfemia! ¿Qué les parece?" Y todos ellos lo condenaron y declararon que merecía la muerte.*
> Marcos 14:63-64

Para los fariseos, sacerdotes y ancianos, todas las piezas de la conspiración parecían estar moviéndose a su posición como las nubes de una "tormenta perfecta". El arresto había salido a la perfección, la comparecencia rápida y la condena siguieron luego. Todo estaba saliendo de acuerdo al plan. Ahora venía el acto final: Hacer que el gobierno romano mandara a Jesús a la cruz.

Se Desarrolla la Trama

La siguiente mañana, los jefes de los sacerdotes, ancianos y todo el consejo, *"ataron a Jesús y se lo llevaron a Pilato"* (Marcos 15:1).

> *Nosotros tenemos una ley y, según nuestra ley, éste debe morir porque a sí mismo se hizo Hijo de Dios.*
> Juan 19:7

Su ley no significaba nada para el gobernador romano. Ninguna de las infracciones especificadas o no especificadas de Jesús, incluyendo la blasfemia, requería la pena de muerte. Pilato no condenaría a Jesús por llamarse a Sí mismo Hijo de Dios.

No lo haría a no ser que estuviera presionado a hacerlo...

~~~

La siguiente parte de la conspiración incluyó dos elementos:

1) Hacer valer la costumbre de la fiesta anual, donde el gobernador liberaba a un prisionero que los judíos eligiera.
2) Influenciar a la multitud para que pidiera a Barrabás, en vez de a Jesús.

Bajo la dirección de los conspiradores, la multitud *"comenzó a pedirle a Pilato que hiciera lo que acostumbraba hacer"* (Marcos 15:8).

Sabiendo que *"los principales sacerdotes lo habían entregado [a Jesús] por envidia"*, Pilato ofreció liberar a Jesús.

> *Pero los principales sacerdotes incitaron a la multitud para que Pilato soltara más bien a Barrabás.* (v. 11)

Choque de gobiernos

Pilato, todavía no encontrando una falta en Jesús, trató de razonar con la multitud.

¿Y qué quieren que haga con el que ustedes llaman Rey de los judíos? (v. 12)

La multitud gritó: "*¡crucifícalo!*".

Mientras más Pilato "*procuraba ponerlo en libertad*", más ruido hacían los judíos. Junto con las demandas de la multitud de crucificar a Cristo vino una amenaza seria:

Si dejas libre a éste, no eres amigo del César. Todo el que a sí mismo se hace rey, se opone al César. Juan 19:12

Al unísono, los jefes de los sacerdotes añadieron: "*No tenemos más rey que el César*" (v. 15).

Al final, prevalecieron las voces de ellos y de los principales sacerdotes. La sentencia de Pilato fue que se hiciera lo que ellos pedían. Lucas 23:23-24

El uso de miedo y manipulación fueron la clave para la última fase de la conspiración. Al usar a su favor su prominencia y poder político entre el pueblo, y al amenazar con consecuencias a los no-conformistas, la elite religiosa generó miedo en las personas. Aunque no lo pueda probar, yo creo firmemente que muchas de las personas que estaban fuera de corte de Pilato no sabían absolutamente nada de Jesús o de Su ministerio. Ellos solo cedieron ante las demandas de los gobernantes por miedo a los fariseos y sacerdotes.

Como vimos previamente, una atmósfera de miedo convierte a las multitudes en turbas. El peligro de ser

Se Desarrolla la Trama

etiquetado como rebelde y ser excluido por los sacerdotes, cambió el rumbo de la situación. La multitud se convirtió en una turba, una que había sido obligada a gritar contra Jesús. Aún más, la turba proyectó su miedo en Pilato, al amenazar con reportarlo como enemigo del César.

Su control de multitudes había funcionado bien para los conspiradores. La multitud hizo tal y como se le había indicado. Pilato respondió como se esperaba. Barrabás fue liberado, y Jesús fue entregado a los judíos para ser crucificado.

~~~

La conspiración contra Jesús fue una conspiración para eliminar toda influencia del gobierno de Dios en la tierra. Fue el resultado de un *choque de gobiernos* que ocurrió cuando Jesús fue enviado al mundo. David previó toda la conspiración cientos de años antes que los líderes judíos la tramaran:

> *Los reyes de la tierra hacen alianzas; los caudillos se declaran en contra del Señor y de su Mesías. Y dicen: "¡Vamos a quitarnos sus cadenas! ¡Vamos a librarnos de sus ataduras!"* Salmo 2:2-3

David también describió la respuesta de Dios a la trama:

> *El que reina en los cielos se ríe; el Señor se burla de ellos.* Salmos 2:4

Luego, Dios daría a conocer "el decreto":

> *"Tú eres mi hijo. En este día te he engendrado. Pídeme que te dé las naciones como herencia, y tuyos serán los confines de la tierra."* Salmo 2:7-8

Choque de gobiernos

La conspiración que resultó en la ejecución de Cristo fue el catalizador para el cumplimiento del Plan de Dios: Se le daría el dominio a Jesús y a Sus seguidores, ¡tú y yo!

~~~

Mientras más nos acercamos al momento de la muerte de Jesús, mayor es el contraste entre dos reinos. En un lado, vemos a Jesús. Él amó a Judas, que lo traicionó, a Pedro, que lo negó y a los otros diez discípulos que huyeron por sus vidas. Él realizó un milagro creativo en el jardín para volverle a colocar a Malco su oreja cortada. Él no se defendió cuando fue acusado, confundiendo a Pilato con Su estatura y templanza. Jesús se mantuvo firme en Su identidad e incondicionalmente comprometido con la voluntad de Dios.

> *Cuando lo maldecían, no respondía con maldición; cuando sufría, no amenazaba, sino que remitía su causa al que juzga con justicia.* 1° Pedro 2:23

Por otro lado, vemos a los fariseos, escribas, sacerdotes y ancianos. Ellos intensificaron su ataque contra Jesús a través de testigos falsos y acusaciones ficticias. Ellos buscaron la liberación de un asesino y la ejecución del Hijo de Dios. Ellos amenazaron a Pilato. Ellos confesaron al César como su único rey. Y mientras Jesús colgaba en la cruz, *"los gobernantes se burlaban"* (Lucas 23:35).

> *Del mismo modo, también se burlaban de él los principales sacerdotes, los escribas, los fariseos y los ancianos. Decían: "Salvó a otros, pero a sí mismo no puede salvarse."* Mateo 27:41-42

Mientras los conspiradores desenrollaban las últimas capas de su conspiración malvada, Dios revelaba, a través de Jesús,

Se Desarrolla la Trama

las facetas más grandes de Su maravilloso plan para la redención de la humanidad.

En el punto más elevado de Su sufrimiento, Jesús oró por Sus verdugos:

> *Padre, perdónalos, porque no saben lo que hacen*
> Lucas 23:34

Él dispuso provisión para Su madre y Su discípulo amado, Juan:

> *"Mujer, ahí tienes a tu hijo."* Y al discípulo le dijo: *"Ahí tienes a tu madre."* Juan 19:26,27

Él le dio vida y esperanza a uno de los criminales colgando junto a Él, cuando el hombre le pidió a Jesús que lo recordara cuando entrara en Su Reino:

> *De cierto te digo que hoy estarás conmigo en el paraíso.* Lucas 23:43

A las tres de la tarde, Jesús expiró con un grito final: *"Padre, en tus manos encomiendo mi espíritu"* (Lucas 23:46). Luego, Él murió.

~~~

Parecía como si los conspiradores hubiesen ganado. Su conspiración fue exitosa, en realidad, pero también lo fue el plan maestro de Dios. Él momento en que Jesús expiró, la misericordia triunfó sobre el juicio, la verdad prevaleció sobre las mentiras, el amor triunfó sobre el odio, la justicia venció al pecado, la vida de resurrección conquistó a la muerte y a la tumba, ¡y Dios obtuvo la victoria final sobre satanás!

Choque de gobiernos

El hombre tenía un camino hacia el Padre. A través de Jesús, ¡le fue otorgada vida eterna en el cielo y dominio en la tierra!

Será despreciado y desechado
por la humanidad entera.
Será el hombre más sufrido,
el más experimentado en el sufrimiento.
¡Y nosotros no le daremos la cara!
¡Será menospreciado! ¡No lo apreciaremos!
Con todo, él llevará sobre sí nuestros males,
y sufrirá nuestros dolores,
mientras nosotros creeremos que Dios
lo ha azotado, lo ha herido y humillado.
Pero él será herido por nuestros pecados;
¡molido por nuestras rebeliones!
Sobre él vendrá el castigo de nuestra paz,
y por su llaga seremos sanados.
Isaías 53:3-5

Capítulo 9:

Comenzando por el Final

La piedra que los constructores rechazaron, ha llegado a ser la piedra angular.

Salmo 118:22

Me pregunto cómo continuó el resto del día y de la semana para los asesinos de Jesús

Durante semanas, ellos habían intensificado los esfuerzos que habían comenzado tres años atrás. Rebosando justicia propia, y convencidos de estar en la voluntad de Dios, los gobernantes de Israel habían aplicado su autoridad, influencia, poder, habilidad y recursos para ver a Jesús clavado en una cruz. Todos sus objetivos claves parecían haber sido logrados. Jesús ya no estaba, sus seguidores se habían desparramado, y a las multitudes se les había recordado a la fuerza quiénes tenían el control.

Uno puede esperarse que los conspiradores se hayan reunido, al menos en grupos pequeños, para discutir los eventos. Solo podemos imaginar la conversación:

"Bueno, Él está muerto."

"¡Finalmente!"

"Vaya--¡eso estuvo cerca! Este Pilato fue un hueso duro de roer"

"Menos mal que convencimos a esa multitud."

"Caballeros, ¡Él ya no está! Estamos de vuelta en marcha.

"Esa fue una tormenta muy extraña, ¿no cierto?"

Choque de Gobiernos

"Si, dijeron que fue un terremoto. Las rocas se partieron y algunas tumbas se vieron afectadas. Escuché que hubo personas que salieron de las tumbas y anduvieron caminando"

"¡No toquemos ese tema!"

"No más milagros, no más enseñanzas, no más multitudes, no más predicaciones de Su evangelio del reino"

"¿Dónde quedó eso de destruir el templo y reconstruirlo? Aunque misteriosamente, la cortina del templo se rasgó al mismo tiempo que sucedió el terremoto."

"Encontraron el cuerpo de Judas en el campo del alfarero. Se ahorcó."

"Compraremos el campo con la plata de su soborno. Es lo correcto."

"Yo digo que mantengamos vigilado a Barrabás. Anda suelto ahora."

"Alguien fue a Pilato a pedirle el cuerpo de Jesús. Lo enterrarán en la tumba nueva de ese hombre."

"No me importa quién se queda con Él o dónde lo entierren; solo asegúrate que hay una piedra en frente de la tumba y guardias vigilándola."

Al día siguiente, los jefes de los sacerdotes y los fariseos visitaron a Pilato. Su tono era menos intenso que la vez anterior que se habían encontrado, pero todavía era demandador:

> Manda asegurar el sepulcro hasta el tercer día; no sea que sus discípulos vayan de noche y se lleven el cuerpo. Mateo 27:64

Pilato consintió. Él envió a una guardia y autorizó a los judíos hacer cualquier cosa que fuera necesario.

Entonces ellos fueron y aseguraron el sepulcro, sellando la piedra y poniendo la guardia. Mateo 27:66

Justo cuando los enemigos de Cristo se sentían seguros que sus planes habían finalmente puesto un fin a Él y a Sus caminos, justo cuando finalmente todo parecía salir a su manera, para su shock y horror, los conspiradores pronto descubrieron que el final de Jesús era solo el comienzo.

Esa mañana de domingo, Jerusalén se despertó con el resonar de otro terremoto. El número de pobladores aumentó en uno más temporalmente: un ángel, que *"descendió del cielo y removió la piedra"*. No sé quién fue este ángel, pero su actitud lo hace mi favorito. Después de remover la piedra, él ¡*"se sentó sobre ella"*! (Mateo 28:2)

El movimiento que Jesús generó estaba lejos de ser erradicado. Y Jesús no estaba muerto, ¡ya no más! Durante los siguientes cuarenta días, Él atravesó las paredes, apareció y desapareció a voluntad, cocinó pescado para Sus discípulos al amanecer y Se mostró a cientos de personas. Luego de eso, Él les dio a Sus seguidores instrucciones acerca del siguiente paso, y ascendió al cielo.

El Espíritu Santo continuaría la obra a partir de ese punto.

La revolución de Jesús estaba lejos de ser suprimida, se desparramaría como fuego: ¡a todos lados! Su gobierno y paz continuarían siendo establecidos en cada rincón del mundo.

~~~

Choque de Gobiernos

Momentos antes de Su ascensión, Jesús se encontró con Sus discípulos en una montaña. Él les dijo:

Toda autoridad me ha sido dada en el cielo y en la tierra. Por tanto, vayan y hagan discípulos en todas las naciones. Mateo 28:18-19

La autoridad y poder de Cristo vinieron de Su Padre. Durante una de las últimas reuniones con los discípulos antes de Su arresto, Jesús dijo que todo lo que el Padre tenía era Suyo, y pronto sería concedido a cada uno de ellos. El Espíritu Santo sería el agente que transfiriese los recursos celestiales de Jesús a Sus discípulos.

Tomará de lo mío y se lo hará saber. Juan 16:14

De esa forma, todos los tres miembros de la Trinidad estaban involucrados en la dotación de los discípulos con la herencia celestial requerida para el dominio. El Padre le dio todo lo que tenía a Su Hijo, Jesús les pasó esa herencia mediante el Espíritu Santo a los apóstoles.

~~~

Durante una visita reciente a Chipre, mi papá me llevó a recorrer las montañas para mostrarme donde mi difunta abuela yacía (ella había fallecido unos meses antes). Era una tarde hermosa de sábado en la isla, un día perfecto para todo lo que sucedió.

Nuestro recorrido había comenzado en la ciudad costera de Larnaca, donde mis padres residen. Más temprano ese día, Mamá, Papá y yo habíamos conducido cuarenta minutos en dirección noroeste hasta Agios Giorgios Alamanou, donde nos encontramos con mi tía y tío para un fenomenal plato de pulpo y calamar asados. Mientras estábamos terminando en el restaurante, mi papá pensó que él y yo podríamos ir a la parcela de entierro familiar en Agios Ioannis. Mi mamá regresaría a Limassol con mi tía y tío y todos nos reuniríamos en el patio de su casa más tarde esa noche.

Si bien extrañaba a mi esposa e hijos (éste era un viaje personal), estaba disfrutando mucho mi tiempo con mi familia en Chipre. Los momentos que pude compartir a solas con mis padres, hermanos y familia extendida fueron invaluables.

Papá y yo conducimos desde el restaurante hacia el este durante veinte minutos; luego, giramos al norte en dirección a las montañas en las afueras de Limassol. Durante la siguiente hora o más, seguimos las rutas sinuosas y disfrutamos el paisaje majestuoso. Ante nosotros, estaba la imponente cordillera de Troodos, detrás de nosotros, la impresionante vista del mar Mediterráneo.

Tuvimos una conversación agradable sobre cualquier tema que se nos ocurrió: política, fútbol, familia, finanzas, educación, etc.: una típica conversación chipriota entre padre e hijo. En un momento de nuestro ascenso, mi papá apuntó a mi izquierda y dijo: "Tenemos una tierra en alguna parte por allí". Era novedad para mí. Era bueno saberlo.

Unos minutos más tarde, llegamos a la aldea de Gerasa, el lugar de nacimiento de mi abuela. Nuevamente, mi papá apuntó a mi izquierda y me informó de otra parcela que él heredó de su madre. Más tarde, conducimos a ese campo. Yo estaba encantado de ver numerosos árboles de olivo allí, ¡y me aseguré de hacer saber mis deseos de ser el propietario del el árbol que consideré más fructífero!

Choque de Gobiernos

Luego de varios giros y vueltas más en nuestro recorrido en dirección norte, arribamos a Agios Ioannis. Mi papá detuvo el automóvil para mostrarme una hermosa parcela de tierra. Estaba justo junto al camino y tenía un río que la recorría. "Esto es nuestro también, así como otra parcela más arriba de esa colina".

¡Wow! No sabía que nuestra familia poesía tanta tierra. ¡Yo estaba entusiasmado! Y un poco curioso...

En un par de minutos, estábamos de pie frente a la tumba de mi abuela. Presenté mis respetos. Mientras Papá estaba ocupado buscando fósforos para encender una vela votiva, fijé mi vista en la dirección general de todas las parcelas familiares de las que me había enterado ese día.

Mi rostro todavía en dirección hacia las colinas, pregunté: "Papá, ¿cómo adquirieron Giagia y Pappous (mis abuelos) estos campos?"

"La mayor parte fue concedida a sus padres por los británicos durante la época colonial". (1899-1960)

"¿Concedido por los británicos?" Soy un estudiante de historia, y crecí en la isla. Que yo sepa, el gobierno colonial británico en Chipre fue dictatorial y opresivo de muchas maneras. ¿Cómo pudo haber concesiones de tierra tan generosas de parte de aquellos que gobernaron con mano dura?

Mi papá dijo que los británicos hicieron un acuerdo con las personas de las aldeas. Si ellos trabajaban la tierra por una cantidad de años, la Corona les transferiría la tierra. Efectivamente, mi tatarabuelo labró la tierra y plantó cultivos, año tras año, hasta que fue el propietario. El excelente registro de tierras británico registró las adquisiciones.

El 16 de agosto de 1960, el acuerdo de Zúrich y Londres entre el Reino Unido, Grecia y Turquía declaró a Chipre una república independiente, libre del gobierno británico. Pronto, los británicos dejaron la isla. Su sistema de registro de tierras permaneció, y también permanecieron todas las transacciones registradas durante el tiempo de ocupación.

Fue en ese momento particular de la narración de mi papá que recibí una revelación:

La herencia de mi familia vino del que probablemente sea el régimen más opresivo que la nación haya conocido. ¡La "vara" del opresor de mi abuelo se convirtió en el catalizador de la bendición de mi familia!

¡Justicia!

> *Tu trono se basa en la **justicia** y el derecho; la misericordia y la verdad son tus heraldos.*
> Salmos 89:14 *(énfasis mío)*

~~~

La misma dinámica se vio en lo referente a nuestra herencia dada por Jesús.

Los líderes de Israel personificaron a los labradores de una de las parábolas de Jesús (Mateo 21). Ese grupo particular de jornaleros había respondido inapropiadamente a los intentos repetidos del propietario de recibir el fruto de su viña. En vez de enviarle fruto a su empleador, ellos deshonraron a cada siervo que el propietario envió. Ellos *"a uno lo golpearon, a otro lo mataron, y a otro más lo apedrearon."* (v.35)

> *El dueño envió de nuevo a otros siervos, más que los primeros, y los labradores hicieron lo mismo con ellos.* (v. 36)

Finalmente, el dueño decidió enviar a su propio hijo a la viña. Aun después de todo lo que los malvados obreros habían hecho, el propietario todavía esperaba lo mejor.

> *A mi hijo lo respetarán.* (v. 37)

¡No lo hicieron! Los labradores vieron al hijo venir y dijeron:

> *Éste es el heredero. Vamos a matarlo, y así nos quedaremos con su herencia.* (v. 38)

Los labradores cometieron dos errores muy grandes:

1. Las herencias son dadas, no tomadas.
2. El padre del hijo (el único con autoridad para *dar* la herencia) ¡todavía estaba vivo!

Los crímenes e imprudencia de los labradores fueron tratados pronto con severidad mediante la espada del propietario. Él destruyó "*sin misericordia a esos malvados, y arrend[ó] su viña a otros labradores que le entreg[aron] el fruto a su tiempo.*" (v. 41)

Los jefes de los sacerdotes y fariseos escucharon a Jesús y "*entendieron que hablaba de ellos*" (v. 45). A través de la parábola, Jesús estaba exponiendo la conspiración de la elite religiosa y política. Él también estaba señalando su error. Tal como los obreros en la viña, los enemigos de Cristo trataban de tomar y asegurarse la herencia que había perdido por la dureza de su corazón y su impiedad.

Comenzando por el Final

Por generaciones, los fariseos, escribas y sacerdotes habían resistido, matado y mutilado a los profetas que habían sido enviados por el Padre, tal como los siervos enviados por el propietario. Ahora, ellos estaban conspirando contra el mismísimo Hijo de Dios. Pero la herencia no les había sido dada a ellos y el Padre estaba bien vivo. Y luego de tres días en una tumba... ¡también lo estaba el Hijo!

Generalmente, las personas reciben herencias luego que los ascendientes (padres o parientes) mueren. La herencia de Dios no era diferente, solo sería liberada luego que Jesús muriera.

> *Por eso Cristo es mediador de un nuevo pacto, para que los llamados reciban la promesa de la herencia eterna, pues con su muerte libera a los hombres de los pecados cometidos bajo el primer pacto. Porque cuando hay un testamento, es necesario que haya constancia de la muerte del que lo hizo, ya que un testamento no tiene ningún valor mientras el que lo hizo siga con vida.* Hebreos 9:15-17

El primer, y peor, error de los conspiradores fue creer que eliminar a Jesús les aseguraría su porción de la herencia celestial. Al matar al Hijo de Dios, ellos en realidad se descalificaron a sí mismos completamente de Su herencia, para siempre.

> *Por tanto les digo, que el reino de Dios les será quitado a ustedes, para dárselo a gente que produzca los frutos que debe dar.* Mateo 21:43

Aún más, la muerte de Cristo puso en ese momento la herencia a disponibilidad de Sus seguidores. Él tuvo que morir para transferirla a nosotros, y así al matarlo, ¡los fariseos y compañía abrieron el camino para nuestra bendición más grande! Como golpe final, Jesús se levantó de la tumba en el tercer día, mediante el poder del Espíritu Santo: ¡una porción que pronto sería añadida a la herencia de los santos! (Efesios 1:20)

Tal como en el caso de la tenencia de tierras que mi familia procuró del gobierno británico, el gobierno déspota de los fariseos, escribas, sacerdotes y ancianos (y especialmente la culminación de su opresión a través de la ejecución de Cristo) trajo la herencia más rica para la familia de Dios: Jesús, ¡el Salvador Resucitado y Victorioso del mundo!

Toda la resistencia, reproche y persecución que resulta del choque de gobiernos (incluidos la tortura y asesinato de seguidores de Cristo) nunca será capaz de detener al pueblo de Dios de hacer que Su Reino avance. El Señor siempre revertirá la intención y los efectos de la oposición y opresión para beneficiar a Su cuerpo, hasta que la herencia de Dios sea distribuida a nosotros y, a través de nosotros, a cada rincón de la tierra.

Hasta que:

> Los reinos del mundo [lleguen] a ser de nuestro Señor y de su Cristo; y Él reinará por los siglos de los siglos.
> Apocalipsis 11:15

Epílogo
Padre, Espíritu Santo...
¡E Hijo!

Desde que comprometí mi vida a Dios, deseé encontrarme con Jesús. Sin dudas lo conocía y lo amaba. Lo reverenciaba como Salvador y Señor, y confiaba en Él cada aspecto de mi existencia. Casi diariamente, durante esta última década, he leído al menos un capítulo en los cuatro evangelios, comenzando con Mateo, abriéndome paso hasta el último capítulo de Juan, y luego comenzando todo de nuevo. Devoré todo lo que Jesús tenía para decir (las "letras rojas"). Aun así, no me había conectado con Jesús de una manera personal, como lo había hecho con el Padre y el Espíritu Santo.

En abril de 1991, en un campus universitario en New Jersey, me encontré por primera vez con Dios, el Padre, en un sueño. Soñé que había muerto sin vivir para Él; en consecuencia, estaba dirigiéndome a un lugar de condenación, separado de Su presencia. Me desperté húmedo de transpiración, luego de suplicar al Padre que me concediera tres días más para ordenar mi vida. Por primera vez, supe que el Dios de la Biblia era real. Él era mi Creador y Padre, y me amaba. Él quería tener una relación conmigo, como hijo. Inmediatamente me rendí a Él. Durante varios años luego de ese episodio, mis oraciones, sueños, pensamientos y deseos giraron en torno en conocer y agradar al Dios con el que me había encontrado en el sueño, el Padre.

Choque de Gobiernos

Al mismo tiempo, me había rendido a Jesús y estaba aprendiendo todo lo que podía sobre Él. Estaba lleno del Espíritu Santo y reconocía la gracia mediante la cual el Espíritu estaba cambiando el mundo, aún mi propia vida y ministerio. De todas maneras, yo solo tenía una conexión personal con el Padre.

En mayo del 2008 tuve un encuentro con el Espíritu Santo que me cambió la vida. Mientras estaba en una misión en Sidney, Australia, el Espíritu Santo me cubrió por completo un domingo a la mañana. Durante los siguientes tres días, Él habló a mi corazón claramente y abiertamente, como un amigo. Durante la mayor parte de ese tiempo, sentí como si hubiera electricidad recorriendo mi cerebro. Estaba mareado y era incapaz de caminar más que un par de metros. Aun así, estaba cómodo, gozoso y lleno de paz. Sabía que era una obra del Espíritu Santo. Muchas cosas cambiaron luego de ese encuentro.

Mi pasión por conocer los caminos de Dios se disparó por completo. La revelación en Su palabra explotó dentro de mí. Y, bajo órdenes estrictas del Espíritu Santo, dejé por completo las notas escritas en mi predicación. En cada compromiso de hablar públicamente desde ese día, iba a conectarme con el Espíritu Santo tal como lo hice en Sidney, y Él colaboraría conmigo para soltar las palabras que el Padre desee compartir con Su pueblo. Ha sido aterrador y emocionante caminar con confianza con mi Amigo y Maestro, el Espíritu Santo.

Hasta ese momento, ningún encuentro con Jesús…

Durante los últimos años, he deseado el momento donde sentiría la misma cercanía e intimidad con Jesús, como lo había hecho con el Padre y el Espíritu. Yo creía que Dios me iba a

Epílogo

conceder el deseo de mi corazón. Sabía que era solo una cuestión de tiempo hasta que Jesús se manifestara a mí. Me preguntaba a menudo lo que implicaría ese encuentro. Quizás ver Su rostro en un sueño, oír Su voz audible durante la oración, o verlo atravesar las paredes de mi oficina mientras estaba adorando. En todas mis imaginaciones, nunca pensé que mi encuentro personal más significativo con Jesús vendría mientras escribía un libro, ¡*este* libro!

No vi Su rostro ni escuché Su voz. Desde el momento que decidí dedicar este trabajo a Él, y me determiné a escribir la historia de Jesús desde la perspectiva del choque entre Su gobierno y el del mundo, he sentido la gloria de Su presencia y la eminencia de Su estatura a cada paso del camino.

El resplandor constante de Jesús en la habitación me ha hecho llorar incontrolablemente a mitad de una oración, varias veces. En otros momentos, la revelación de Su amor maravilloso y Su misericordia me llevaron a dejar de escribir y levantar mis manos en adoración. En momentos donde el Espíritu me daba mayor claridad sobre el esplendor y majestad de Cristo como el Soberano supremo y Gobernador sobre las naciones, yo me quedaba completamente quieto, maravillado por su autoridad y poder abrumadores.

No tengo idea hasta dónde *Choque de Gobiernos* circulará, o qué impacto tendrá en la vida de sus lectores. Sé que ha tocado inmensamente mi vida, ¡por el encuentro que he tenido con el Hijo mientras lo escribía!

~~~

Me gustaría tomarme un momento personal para preguntar sobre tu propia manera de acercarte a Jesús. Si estuvieses asistiendo a una de Sus poderosas reuniones en las costas de Galilea o en las colinas en las afueras de Jerusalén, ¿serías un espectador, un admirador o un seguidor?

Tratemos de imaginarnos esto juntos. Estás sentado en esa multitud, en alguna parte de atrás. Sabes lo que está sucediendo. Jesús está presentando un gran contenido. Él parece genuino y suena convincente. Aun así, tú estás escuchando cuidadosamente y procesando todo como un espectador, quizás aún un admirador: verificando todo a fondo antes de hacer cualquier tipo de compromiso.

De pronto, Jesús comienza a caminar entre la multitud. Él está mirando hacia tu dirección. Mientras más se acerca, más claro notas que Sus ojos están en realidad fijos sobre ti. No te pongas nervioso, ¡esto es bueno!

Finalmente, Él se detiene justo frente a ti. Sus ojos están llenos de amor. Su mirada penetra capas de vergüenza, desilusión, indignidad y limitación. Él no juzga tus fallas y defectos. Él ve tu futuro hasta los rincones más alejados de la eternidad. Él sabe que hay un seguidor, un adorador, dentro de ti.

Él coloca Su mano sobre tu espalda. "Ven, sígueme", te dice. "Cambiemos el mundo juntos".

Él desea tenerte con Él. Él quiere liberarte de los pecados y ataduras de tu pasado. Él anhela enriquecerte y darte poder, sumergirte en Su amor extraordinario. Y Él está listo para confiarte una porción del gobierno de Su Reino a ti.

Es debido al diseño y propósito de Dios que tú estás leyendo esta página ahora mismo. Él ha ordenado tus pasos para traerte a un lugar de decisión.

Epílogo

¡Confía en Jesús, amigo! Ábrele tu corazón a Él. ¡Todo lo que Él te está diciendo es verdad!

Desde la parte más profunda de mi ser, te animo a dar un salto de fe hacia el "nivel de seguidor": a comprometer tu vida con el Señor Jesucristo.

Si estás dispuesto, quiero orar contigo ahora mismo:

Jesús, te abro mi corazón. Quiero que Tú vengas a mi vida. Deseo seguirte. Perdóname mis pecados y lávame. Muéstrame Tus caminos y enséñame cómo vivir y servirte en Tu Reino. Úsame para Tus propósitos. Quiero que mi vida cuente para Ti.

Creo en Ti, Jesús. Gracias por Tu sacrificio. Te recibo como mi Señor y Salvador.

¡Tú eres mi Rey!

Amén.

¡Felicitaciones! Te doy la bienvenida al Reino de Dios en el Nombre del Padre, del Espíritu Santo y… ¡del Hijo!

Espero ansiosamente poder adorar y servir junto a ti. Va a ser un tiempo maravilloso. ¡Ya lo verás!

¡Cambiemos el mundo con Jesús!

Con Amor,

Marios Ellinas

Información de Contacto:

Marios Ellinas
Valley Shore Assembly of God
36 Great Hammock Road
Old Saybrook, CT 06475

Correo electrónico: maellinas@yahoo.com

Para ordenar más ejemplares de este libro, visita:

- www.amazon.com

- www.mariosellinas.com

Otros libros de Marios Ellinas (en inglés):

- *Running to the Impossible* (2008)
- *Warrior Material* (2010)
- *The Next Test* (2011)

www.ingramcontent.com/pod-product-compliance
Lightning Source LLC
Chambersburg PA
CBHW061653040426
42446CB00010B/1724